Staatsrechtliche Prüfung

der

gegen das

Thronfolgerecht des Augustenburgschen Hauses

erhobenen Einwände.

Mit besonderer Berücksichtigung des Pernice'schen Gutachtens.

Nebst einer Beilage:

Eine Urkunde aus dem Oldenburgschen Staatsarchiv.

Von

Dr. **Hugo Hälschner.**

Besonders abgedruckt aus dem dreizehnten Bande der Preußischen Jahrbücher.

Berlin.

Druck und Verlag von Georg Reimer.

1864.

„Es giebt keinen Zoll breit Landes in Schleswig-Holstein und Lauenburg, auf welchen das Erbrecht der Augustenburger nicht bestritten wäre.“ Dieser Satz wird auch heute noch von Feinden wie Freunden oft genug wiederholt und hat nicht verfehlt, Manchem zu imponiren. Wir sollten aber meinen, die Thatsache, daß das Recht der Herzogthümer und ihres Herzogs ein viel bestrittenes ist, eine Thatsache, welche sich genügend daraus erklärt, daß offenkundige politische Interessen des Auslandes, und leider nicht blos des Auslandes, sich gegen die Anerkennung des Rechtes sträuben, könne dem Werth desselben keinen Eintrag thun. Nicht daß, sondern wie es bestritten wird, ist von entscheidender Bedeutung.

Indem wir uns anschicken, das Verfahren der Gegner zu prüfen und darzulegen, sind wir in der glücklichen Lage, daß das Beste und Bedeutsamste, was man wider das Recht der Herzogthümer, welches mit dem des augustenburgschen Hauses eins ist, vorzubringen gewußt hat, sich in den Leistungen weniger Männer concentrirt. Neben den Dänen, besonders Larsen, sind es zwei Deutsche, welche vorzüglich in Betracht kommen. Der Eine, der ehemals ratzeburgsche Advocat Ostwald, hatte schon früh durch seine Bestrebungen für die Interessen Dänemarks die Aufmerksamkeit König Christian's VIII. auf sich gezogen, wanderte hinüber nach Kopenhagen und scheint bei Abfassung des Rechtsgutachtens, auf welches der König seinen offenen Brief von 1846 gründete, eine hervorragende Rolle gespielt zu haben. Der Andere ist der ehemalige Curator der Universität Halle, der preußische Kronsyndicus Pernice. Er ertheilte der preußischen Regierung im Jahre 1851 ein, nur auf Holstein sich beziehendes Gutachten. In welchem Maaße es damals auf die Entschließungen der preußischen Regierung eingewirkt hat, ist nicht bekannt. So viel aber ergiebt sich aus seinem Inhalte, namentlich dem Schlusse, daß es dazu bestimmt war, die rechtlichen Bedenken zu beseitigen, welche etwa gegen eine Umgestaltung der Thronfolge, wie sie damals schon vorbereitet, im folgenden Jahre durch den Londoner Vertrag unternommen wurde, obwalten mochten. Die Ergebnisse des Gutachtens wurden sehr bald allgemein bekannt, das Gutachten selbst aber wurde bis in die Gegenwart geheim gehalten. Seine hohe Bedeutung liegt nicht blos in dem entscheidenden Einflusse, den es möglicherweise ausübte, sondern auch in der Person des Verfassers, welchem die volle Befähigung, über die hier vorliegenden Streitfragen zu urtheilen, Niemand bestreiten wird. Sie liegt in dem großen Gewicht, das die Dänen ihm beilegen, die darum auch nicht unterlassen haben, es in diesen Tagen seinem ganzen Umfange nach zu publiciren. Sie liegt darin, daß alle Stimmen, welche heute wiederum in Deutschland gegen das Recht der Herzogthümer in der Presse, auf der Rednerbühne laut werden, ihre Argumente nur ihm entnehmen.

Oder ist es vielleicht heute, nach Allem, was die deutsche Rechtswissenschaft bereits geleistet hat, um das Recht der Herzogthümer gegen seine Feinde zu vertheidigen, nicht mehr an der Zeit, sich um das Recht zu streiten? Freilich hätte man hoffen dürfen, daß endlich der Worte genug gewechselt seien, und daß wir jetzt die Thaten würden zu sehen bekommen, — die Gegenwart beweist es, daß wir nicht müde werden dürfen, für das Recht zu zeugen. Indem wir es versuchen, dasselbe nochmals an den Einwänden der Gegner zu prüfen, sind wir gleichwohl weit davon entfernt, den neu entbrannten tausendjährigen Kampf der Dänen und Deutschen lediglich auf einen juristischen Streit zurückführen zu wollen. Wir wissen es, und auch das deutsche Volk ist sich dessen bewußt geworden, daß es sich nicht blos um einen Erbfolgestreit, um den Besitz eines Stück Landes, sondern um einen Kampf handelt, welcher, mag er sich so oder so wenden, auf lange Zeit hinaus über das gesammte Geschick unsers Vaterlandes, über seine Stellung zu Europa, über seine innere Entwickelung entscheiden wird. Aber ist, weil die Entscheidung gewiß nicht lediglich vom Rechte, sondern von dem Einflusse der mannichfachsten mitwirkenden Kräfte und Interessen abhängt, das Recht werthlos? — Nun, und wenn das Recht wirklich keinen andern Werth hätte, so doch gewiß einen. Was könnte in so entscheidendem Augenblicke uns Besseres beschieden sein, als daß die Vorsehung uns zu einem Kampfe ruft, in welchem der Weg der Ehre und Pflicht uns einfach und klar vorgezeichnet ist durch unser Recht, in welchem das Bewußtsein der Pflicht, wenn es uns ganz und voll durchdringt, uns frei machen muß von allem Wanken und Schwanken?

I.

Wir gehen aus von dem völlig unbestrittenen rechtlichen Verhältnisse Schleswigs und Holsteins zu einander und zu Dänemark, wie sich dasselbe in der Mitte des 15. Jahrhunderts gestaltet hatte. Schleswig war dänisches Lehn. Früher in der Regel dem dänischen Thronfolger verliehen, wurde es 1232 einem jüngeren Sohne des dänischen Königs zu Lehn gegeben, schied sich damit von Dänemark, worauf 1326 durch die Constitutio Waldemariana gesetzlich festgestellt wurde, daß das Herzogthum Schleswig „mit dem Reiche und der Krone Dänemark niemals wieder vereint oder verbunden werden dürfe." Holstein war deutsches Reichsland, sächsisches und seit 1548 kaiserliches Thronlehn. Beide Herzogthümer standen in der Mitte des 15. Jahrhunderts unter der Herrschaft Adolf's VIII. aus dem schauenburgschen Fürstengeschlecht. Adolf vermittelte es, daß 1448 der Sohn seiner Schwester, Graf Christian von Oldenburg, der Stammvater aller heut lebenden Fürsten des oldenburgschen Hauses, zum Könige von Dänemark gewählt wurde, nachdem dieser für sich und alle seine Erben die Waldemarsche Constitution bestätigt und gelobt hatte, daß Schleswig nie wieder dem Königreiche Dänemark einverleibt werden solle.

Zwölf Jahre später, 1460, starb Adolf als der letzte Mann der bisher in den Herzogthümern regierenden Linie des schauenburgschen Hauses. Die Folge war, daß die vereinigten Stände der Herzogthümer König Christian I. von Dänemark zu ihrem Herzoge wählten. Es geschah unter Bedingungen, welche die Selbständigkeit der Herzogthümer und ihre volle Unabhängigkeit von Dänemark sichern sollten. Der König gelobte, daß die Herzogthümer ewig unzertrennlich zusammen bleiben sollten; er verlieh den Ständen Privilegien, welche fast die gesammte Regierungsgewalt in die Hand der Stände, des Landrathes, legten und im Krieg wie im Frieden jede Gemeinschaft mit Dänemark ausschlossen; er erkannte an, nur aus Gunst der Stände gewählt zu sein, und sicherte diesen das Recht, auch fernerhin den gemeinsamen Landesfürsten der Herzogthümer aus seinen Nachkommen und Verwandten zu wählen.

Es war hiernach schon damals für die von Christian I. abstammenden Männer des oldenburgschen Fürstenhauses ein ihnen nicht entziehbares Erbrecht kraft Blutsverwandtschaft begründet, während die Erbfolgeordnung durch das Wahlrecht der Stände ersetzt wurde. Aber schon unter den Söhnen und Enkeln Christian's I. fanden Landestheilungen statt, so daß die Herzogthümer seit 1544 drei, seit 1582 und bis in die zweite Hälfte des 18. Jahrhunderts zwei regierende Landesherrn hatten. Der eine Landesherr, der königlichen oder glückstädtschen Linie angehörend, war zugleich König von Dänemark, der zweite, der Herzog von Gottorf, gehörte der anderen Hauptlinie des Fürstenhauses, der gottorfschen, an. Jeder der Landesherrn hatte einen besonderen „privativen" Antheil, aus Aemtern und Gütern bestehend, welche zerstreut in beiden Herzogthümern lagen; die ständischen Gebiete dagegen blieben ungetheilt und beide Landesherrn führten eine gemeinsame Regierung, welche sich nicht nur über die ungetheilten Gebiete erstreckte, sondern in den wichtigeren allgemeinen Landesangelegenheiten auch über die privativen Antheile. Die Landestheilungen berührten also die staatsrechtliche Untrennbarkeit der Herzogthümer durchaus nicht, und schon hier muß constatirt werden, daß dieselbe als vollkommen zu Recht bestehend noch von König Christian VIII. in seinem offenen Briefe vom 18. September 1846 anerkannt worden ist, in welchem er versichert: „daß es keineswegs die Absicht hat sein können, die Rechte unserer Herzogthümer zu kränken; im Gegentheil haben wir dem Herzogthum Schleswig zugesagt, daß es in der bisherigen Verbindung mit dem Herzogthume Holstein bleiben solle."

Bestand zwischen Dänemark und den Herzogthümern nur das Verhältniß einer reinen Personalunion, so führte diese doch bald noch zu einer weiteren Gemeinschaft, welche durch die 1533 zwischen Dänemark und den Herzogthümern errichtete „ewige Union" begründet wurde. Sie sollte einerseits die Verpflichtung beider Theile zu Freundschaft und gegenseitiger Kriegshülfe begründen, andrerseits verwies sie alle Streitigkeiten der beiden gemeinsam regierenden Herzöge vor Schiedsrichter, vor die „Unionsausträge". Damit war also die rechtliche Möglichkeit, daß zwischen den beiden Herzögen oder zwischen Dänemark und den Herzogthümern ein völkerrechtlich zu beurtheilender Kriegszustand eintreten könnte, ausgeschlossen und noch der Travendahler Friede von 1700 bestätigte diese Unionsausträge.

Nach dem Tode König Christian's III. 1559 fand in der königlichen Linie eine weitere Theilung statt, indem der ältere Sohn als Friedrich II. König von Dänemark wurde, der jüngere, Johann, einen Theil von dem königlichen Antheile als seine Landesportion erhielt, während er in Folge des Widerspruches der Stände nicht als mitregierender Landesherr zugelassen wurde. Johann ist der Stammvater der jüngeren königlichen oder sonderburgschen Linie, welche sich späterhin mehrfach spaltete und gegenwärtig noch in zwei Speciallinien: der älteren augustenburgschen, der jüngeren beckschen, jetzt glücksburgschen Linie vorhanden ist. Während aber in den Herzogthümern das Erbrecht des oldenburgschen Fürstenhauses schon seit 1460 festgestellt, und durch die Landestheilungen auch thatsächlich als ein für alle Nachkommen Christian's I. und alle Linien seines Hauses geltendes anerkannt worden war, so nicht in gleicher Weise in Dänemark.

Dänemark, obwohl seit Christian I. fortdauernd von Königen des oldenburgschen Hauses beherrscht, blieb ein Wahlreich in dem Sinne, daß der Reichstag, in seiner Wahl völlig unbeschränkt, nicht verbunden war, sie auf ein Mitglied des oldenburgschen Hauses zu lenken. Erst 1660 wurde Dänemark durch die Arfve=Ennevolds=Acte (Erballeinherrschafts=Acte) in eine Erbmonarchie mit unumschränkter Königsgewalt verwandelt. Die weitere Folge davon war, daß die Thronfolge für Dänemark durch das dänische Königsgesetz (lex regia) vom 14. November 1665 näher bestimmt wurde. Ein Erbrecht wurde durch dieses Gesetz nur den Nachkommen des damaligen Königs Friedrich III. zuerkannt, und zwar in der Weise, daß zuerst der Mannsstamm nach der Primogenitur=Ordnung zur Nachfolge berufen ist, nach dessen Aussterben aber die weibliche Linie. Nach dem Tode des letzten Mannes aus dem Mannsstamme Friedrich's III. succedirt hiernach die dem letzten Manne zunächststehende von Friedrich III. abstammende Frau und deren Descendenz, und zwar so, daß in dieser Weiberlinie wiederum der Mann und der Mannsstamm den Vorzug genießt vor der Frau und dem Weiberstamme. Hieraus ergiebt sich, daß die Fürsten des oldenburgschen Hauses nicht als solche, sondern nur insoweit sie Nachkommen Friedrich's III. sind, einen Erbanspruch auf den dänischen Thron haben, und daß ein solcher weder der sonderburgschen noch gottorfschen Linie, die sich schon ein Jahrhundert vor Friedrich III. abgezweigt hatten, zusteht. Nur insofern zwischen Frauen des dänischen Königshauses und Männern der sonderburgschen und gottorfschen Linien Heirathen stattgefunden haben, würde ein Mann aus diesen Linien, als zum Weiberstamme Friedrich's III. gehörend, an der Stelle, an welcher er berufen wird, ein Recht auf den dänischen Thron erheben können.

II.

Schon vor 1660 war aber auch in den Herzogthümern eine bedeutsame Aenderung rücksichtlich der Erbfolge eingetreten. Das Recht der Stände, ihren Landesherrn zu wählen, erschien den herrschenden Zuständen gegenüber als eine Singularität, und 1590 hatte der Kaiser, unbekannt mit den besonderen Rechtsverhältnissen der Herzogthümer, dies Wahlrecht als eine Rebellion gegen das Reich bezeichnet. Die Stände vermochten nicht länger zu widerstehen und bewilligten 1616, daß ihr Wahlrecht „ad jus primogeniturae reducirt werde."

Damit war aber eine Primogenitur=Ordnung selbst noch nicht begründet, vielmehr hatten die Stände nur unter der Bedingung, daß dieselbe für das fürstliche Haus hergestellt werde, auf ihr Wahlrecht verzichtet. Es ist aber wichtig, die nächsten rechtlichen Folgen dieses Ereignisses klar zu machen, weil wir damit in das Gebiet des Streitigen eintreten.

Unbestritten steht fest, daß Schleswig ein dänisches, Holstein ein deutsches Mannlehn war, daß also seit 1460 nur der Mannsstamm Christian's I. mit Ausschluß des Weiberstammes ein Erbfolgerecht hatte.

Was aber die Erbfolgeordnung betrifft, so würde diese nur insoweit durch das Wahlrecht der Stände ersetzt, als durch die Wahl die regierenden Landesherrn bestimmt wurden. Unabhängig davon hatten aber von Anfang an Erbtheilungen stattgefunden, durch welche einzelne Landestheile als Erbtheil auf Mitglieder des Fürstenhauses übergingen, welche, weil von den Ständen nicht gewählt, an der Landesregierung keinen Theil hatten, wohl aber, dieser untergeordnet, über ihre Besitzungen eine beschränkte Regierungsgewalt übten. Daraus ergiebt sich, daß von dem ständischen Wahlrechte unabhängig und schon zur Zeit desselben im oldenburgschen Fürstenhause eine Erbfolgeordnung beobachtet wurde. Wie war sie beschaffen?

Schon die Ereignisse von 1460 geben darüber Aufschluß. Christian I. war mit den Ständen dahin übereingekommen, daß die Stände das Recht haben sollten, nach dem Tode des Landesherrn aus dessen Söhnen, eventuell auch aus den Seitenverwandten, den Landesherrn zu wählen. Es war allen Nachkommen des ersten Erwerbers eine Erbberechtigung zuerkannt, also nicht blos den Descendenten, sondern auch den Seitenverwandten des jeweiligen Besitzers, wofern sie vom ersten Erwerber abstammten. Dies widersprach den Grundsätzen des älteren deutschen Rechtes, das nur die Nachkommen des letzten Besitzers zur Nachfolge beruft, und stützte sich auf das mittlerweile in Deutschland eingedrungene und zur gemeinrechtlichen Quelle gewordene longobardische Lehnrecht. Dem entsprechend, indem wir weitere Beweise übergehen, haben die, noch zu erwähnenden, Primogeniturstatuten aller Linien des oldenburgschen Hauses das gemeine Lehnrecht ausdrücklich als die zunächst entscheidende Norm bezeichnet.

Aber Christian I. und die schleswig-holsteinschen Stände konnten nicht einseitig über die Erbfolge verfügen, denn es kamen hierbei nothwendig auch die Rechte des Lehnsherrn in Betracht. Die eigenthümliche Art aber, wie sich in den Herzogthümern das Lehnsverhältniß gestaltet hatte, ist von den Gegnern, zuerst von Ostwald, dann von dem Dänen Larsen, denen sich Pernice und Zimmermann angeschlossen haben, benutzt worden, um dem sonderburgschen Hause nach lehnrechtlichen Grundsätzen jede Erbberechtigung abzusprechen.

Wir fassen in dieser Beziehung zuerst Holstein in's Auge. Um die nach älterem deutschen Rechte mangelnde Erbberechtigung der Seitenverwandten zu ersetzen, hatte sich das Institut der Belehnung zur gesammten

Hand gebildet, damit eintretenden Falls die Seitenverwandten, welche sich dem Lehnsherrn gegenüber auf eine Erbberechtigung kraft Blutsverwandtschaft nicht berufen durften, das Lehn kraft der ihnen ertheilten Belehnung in Anspruch nehmen konnten. Holstein bietet eines der ältesten Beispiele einer solchen Belehnung, indem sie 1307 den schauenburgschen Grafen ertheilt worden war. Als aber der Grundsatz des longobardischen Lehnrechtes, daß alle Nachkommen des ersten Erwerbers, gleichviel ob Descendenten oder Seitenverwandte des letzten Besitzers, erbberechtigt seien, gemeinrechtliche Bedeutung erlangt hatte, trat die alte Gesammtbelehnung zurück, und erhielt sich nur hie und da als eine Particularität. Und selbst da, wo sie sich erhielt, war ihre Bedeutung eine verschiedene. Die älteste Form, daß die Mitbeliehenen im gemeinsamen Besitze des Lehns blieben, trat fast ganz zurück und es bildete sich eine neuere Form, nach welcher bei einer Theilung des Lehns unter mehrere Erben Jeder mit dem Ganzen beliehen wurde, um ihm und seinen Nachkommen die Succession in den Theilen der übrigen Erben zu sichern. Aber auch in dieser Form hat die Gesammtbelehnung bald eine strengere, bald eine weniger strenge Bedeutung. Das erstere ist der viel seltnere Fall, wie er sich besonders im sächsischen Rechte erhalten hat. Hier ist die stets rechtzeitig erfolgte Lehnserneuerung die Voraussetzung des Successionsrechtes der Seitenverwandten, obwohl auch hier die nachtheiligen Folgen der Versäumniß durch Indult des Lehnsherrn gehoben werden konnten. Der viel häufigere Fall aber ist der, daß das Erbrecht selbst von der Belehnung zur gesammten Hand unabhängig ist, die Agnaten aber das Recht wie die Pflicht haben, die Lehnserneuerung nachzusuchen, eine Pflicht, deren Versäumniß, wenn irgend welche rechtliche Nachtheile, so jedenfalls nicht ohne Weiteres den Verlust des Erbrechtes zur Folge hatte. Aber auch in der Beziehung wich diese Form von der des sächsischen Rechtes regelmäßig dadurch ab, daß nicht alle Agnaten, sondern nur der besitzende Vasall für sich und Namens der übrigen Erbberechtigten die Belehnung zur gesammten Hand nachzusuchen hatte.

Um zu beweisen, daß das sonderburgsche Haus wegen angeblich seit 1751 versäumter Lehnserneuerung sein Erbrecht auf Holstein verloren habe, gehen die Gegner von dem Satze aus, daß für Holstein die strengere, sächsische Form der Gesammtbelehnung gegolten habe. Für Holstein als Reichslehn entscheiden aber zuvörderst die Reichsgesetze. Nach der Reichshofrathsordnung sind Reichslehen in der Regel nach gemeinem Recht zu beurtheilen, wobei auch abweichenden Landesgebräuchen nicht zu viel Rücksicht geschenkt werden soll. Wo aber die simultanea investitura hergebracht, solle derselben nachgelebt werden. Es ist also die Gesammtbelehnung eine Particularität, die nur nach dem Gebrauche des Landes zu beurtheilen ist. Welche Beweise giebt es dafür, daß die ganz exceptionelle Form des sächsischen Rechtes in Holstein gegolten habe?

Man beruft sich darauf, daß Holstein ein Land des sächsischen Rechts war; aber es steht fest, daß auch in Ländern des sächsischen Rechts die sächsische Form der Gesammtbelehnung sich nicht erhalten hat, und es steht urkundlich fest, daß bei mannichfachen Gelegenheiten ganz ausdrücklich ausgesprochen worden ist: es habe in Holstein das sächsische Lehnrecht keine Geltung. Mit größter Leichtigkeit überwindet Pernice diese Schwierigkeiten. Im Widerspruche zur Reichsgesetzgebung, welche nur das longobardische Recht als gemeinrechtliche Regel behandelt, stellt er jene strengere Form der Gesammtbelehnung, welche das Reichsgesetz zu einer Ausnahme herabgesetzt, und die sich wirklich nur ausnahmsweise in Sachsen und Hessen erhalten hatte, als die für ganz Deutschland geltende Regel dar und fordert von uns den Beweis, daß sie in Holstein nicht gegolten habe. Wie aber verhält es sich in Wahrheit mit der Gesammtbelehnung im oldenburgschen Hause?

Christian I. war einfach für sich und seine legitimi successores beliehen worden, und von einer Gesammtbelehnung war keine Rede. Erst später fand dieselbe in Folge der Landestheilungen statt, und namentlich erhielt sie 1590 auch der Stammvater des sonderburgschen Hauses. Regelmäßig wurde die Lehnserneuerung von dem besitzenden Vasallen für sich und seine nicht besitzenden Agnaten nachgesucht, für die Sonderburger in späterer Zeit immer durch den Herzog von Plön für sich wie die übrigen in Holstein nicht angesessenen Agnaten. Die letzte derartige Belehnung hat 1751 stattgefunden, und der Grund, warum dies die letzte war, liegt urkundlich beglaubigt klar zu Tage. Die in Holstein gelegene Besitzung des Herzogs von Plön war vertragsmäßig auf den König übergegangen, und da ein Herzog von Plön, welcher bisher die Lehnserneuerung für die Sonderburger besorgt hatte, nicht mehr existirte, that der Herzog von Glücksburg die nöthigen Schritte, damit ihm und seinem Hause kein Präjudiz erwachse. König Christian VII. kam mit dem Kaiser dahin überein, daß er für die bisher sonderburgsche Besitzung Plön keine besondere Belehnung nachzusuchen brauche, sondern Plön zugleich mit dem bisher königlichen Antheil zu Lehn empfangen solle, wobei aber ausdrücklich den sonderburgschen Agnaten ihre Rechte vorbehalten wurden. Bald nachher erwarb der König auch das gottorfsche Holstein, war in den alleinigen Besitz von ganz Holstein gelangt, und dem regelmäßig beobachteten Grundsatze entsprechend, daß nur der besitzende Vasall für sich und seine Agnaten die Belehnung nachzusuchen habe, wurde ihm seiner Bitte gemäß vom Kaiser die einfache Belehnung über das ganze Herzogthum Holstein „in dem Maaße, wie weiland König Christian's I. Majestät sie erhalten," ertheilt. In aller Form Rechtens war also, nachdem in Holstein jede Landestheilung aufgehört hatte, die Gesammtbelehnung aufgehoben worden, und an ihre Stelle trat, wie auch Zimmermann zugiebt, die einfache Belehnung, wie sie bei Christian I. stattgefunden hatte. Bis zum letzten Augenblicke aber hatten die Sonderburger ihr Recht gewahrt, und es war ihnen vom Kaiser ausdrücklich vorbehalten worden. Wenn sie also überhaupt durch Versäumniß ihr Recht hätten verlieren können, wo ist die Versäumniß, deren sie sich schuldig gemacht haben sollen?

Aber nehmen wir mit den Gegnern an, es hätte in Holstein die strenge sächsische Form der Gesammtbelehnung gegolten und es hätten die Sonderburger sich einer Versäumniß schuldig gemacht, was würde daraus folgen? Auch unter solcher Voraussetzung war die zuvörderst auf der Abstammung vom ersten Erwerber beruhende Erbberechtigung nicht sofort verloren, sondern erst dann, wenn der Lehnsherr auf Grund der Versäumniß die Belehnung verweigerte. Ging er stillschweigend über die Versäumniß hinweg, oder ertheilte er ausdrücklich Indult, so waren alle nachtheiligen Folgen der Versäumniß beseitigt. Und wie steht es jetzt nach Auflösung des Reiches? Die Erbberechtigung, auf Grund deren die Nachkommen Christian's I. das Recht hatten, die Belehnung zu fordern, ist bestehen geblieben, aber der Kaiser, welcher das Recht hatte, die Versäumniß zu rügen und die Belehnung zu verweigern, fehlt, und Niemand ist vorhanden, der statt seiner das Successionsrecht der Sonderburger anfechten könnte. Pernice freilich ist um guten Rath nicht verlegen. Die Agnaten der gottorfschen Linie, zuvörderst das russische Kaiserhaus ist es, das als Rival der Sonderburger in die Schranken tritt und diese von der Nachfolge ausschließt, wobei aber, unerhörter Weise, ganz vergessen wird, daß auch diese, seit der dänische König die einfache Belehnung erhalten hatte, ebenso wie die Sonderburger sich nicht mehr haben belehnen lassen.

Noch viel weniger kann davon die Rede sein, daß die sonderburgschen Erbansprüche an Schleswig durch irgend welche Versäumniß verloren gegangen wären. Schleswig ist nicht, wie Ostwald hat behaupten wollen, ein Land des sächsischen Rechtes, und am allerwenigsten hat hier jemals eine Gesammtbelehnung im Sinne des sächsischen Rechtes bestanden. Es war ursprünglich ein reines, wie das Allod sich vererbendes, Erblehn. Es war das einzige dänische Lehn, und da es ein dänisches Lehnrecht nie gegeben hat, so wurde nach langen Streitigkeiten erst im Jahre 1579 durch den Vertrag von Odensee die Form der Belehnung festgestellt, und es ist leicht erklärlich, daß man die in Holstein geltenden lehnrechtlichen Normen auch auf Schleswig übertrug. Durch jenen Vertrag wurde also zwar auch die Form der Gesammtbelehnung auf Schleswig übertragen, aber unter der ausdrücklichen Bestimmung, daß Schleswig als ein altväterliches anererbtes Fahnlehn verliehen werden, und daß die festgestellte Form der Belehnung auf die Succession überhaupt keinen Einfluß üben, vielmehr „einem Jeden diesfälls sein Recht vorbehalten sein" solle. Auch hier haben die sonderburgschen Lehnserneuerungen aufgehört, als alle Besitzungen dieser Linie auf die ältere königliche übergegangen waren, aber wie es sich auch damit verhalten möge, von einem Verluste des Erbrechtes durch versäumte Lehnserneuerung kann hier nicht entfernt die Rede sein, weil hier eine Gesammtbelehnung, von welcher das Successionsrecht abhängig wäre, überhaupt nie bestanden hat.

Wir kehren nunmehr zu der Frage zurück, welches die in den Herzogthümern bestehende Thronfolgeordnung ist?

Als in den Herzogthümern das ständische Wahlrecht aufgehoben wurde, bestand bereits eine Erbfolgeordnung, die des gemeinen Lehnrechts. Diese ist durch die Primogeniturordnung nicht aufgehoben, aber modificirt worden. Die Stände hätten erwarten dürfen, daß für das oldenburgsche Gesammthaus eine Primogeniturordnung eingeführt worden wäre. Dies ist niemals geschehen, aber dem wesentlichen Interesse der Stände, weitere Landestheilungen zu verhüten, wurde entsprochen, indem für die einzelnen Linien Primogeniturstatuten begründet wurden. Für die gottorfsche Linie war dies schon 1608 geschehen, für die ältere königliche Linie geschah es erst 1650, und es ist zu beachten, daß diese für die Succession der ältern königlichen Linie in den Herzogthümern entscheidende Primogeniturordnung im Unterschiede von der der mitregierenden gottorfschen Linie, der lex ducalis, als lex regia bezeichnet wurde, also von der dänischen lex regia, welche sich nur auf die Succession in Dänemark bezieht, zu unterscheiden ist. Für die gesammte sonderburgsche Linie in allen ihren Speciallinien ist eine gemeinsame Primogeniturordnung nicht begründet worden, wohl aber 1633 für die jetzt allein noch vorhandene Linie des sonderburgschen Hauses. Es bezieht sich diese Primogeniturordnung auch nicht blos, wie Pernice behauptet, obwohl schon vor ihm das Gegentheil dargethan war, auf die Vererbung der damals im Besitze dieser Linien befindlichen Güter, sondern ausdrücklich auch auf die Staatserbfolge in den Herzogthümern, auf die „vom heiligen römischen Reich herrührenden Lehen," also auch auf die künftigen Erwerbungen, da in jener Zeit die Sonderburger solche Lehen nicht besaßen.

Hieraus ergiebt sich eine Thronfolgeordnung, wie sie in analoger

Weise in andern deutschen Fürstenhäusern bis heut besteht. Stirbt eine Linie des Hauses aus, so entscheidet rücksichtlich der Erbfolge der übrigen, unter einander durch eine Primogeniturordnung nicht verbundenen Linien das gemeine Recht, innerhalb der zur Nachfolge berufenen Linie entscheidet aber deren Primogeniturordnung. Daß hiernach, wenn nicht andere Hindernisse bestehen, nach dem Aussterben der älteren die jüngere königliche Linie zur Nachfolge berufen ist, innerhalb dieser aber der Erstgeborne des augustenburgschen Hauses, bedarf keines Beweises. Damit ist aber allerdings die Erbberechtigung desselben vorerst nur in Betreff des königlichen Antheils an Schleswig-Holstein festgestellt, während sie in Betreff anderer Landestheile noch zu untersuchen bleibt.

Es darf aber nicht übergangen werden, daß in der gründlichen Beseitigung alles Erbrechts der Sonderburger auch in dieser beschränkten Beziehung Pernice das Unglaubliche geleistet hat. Er meint, wovon später, bewiesen zu haben, daß bei Abgang des dänischen Mannsstammes der Kaiser von Rußland, als Herzog von Gottorf, den ehemals gottorfschen Antheil Holsteins zu fordern habe. Aber nicht genug damit, er hat, von allen sonstigen Hindernissen einer Erbfolge der Sonderburger abgesehen, auch den königlichen Antheil Holsteins, ganz Holstein, zu fordern, denn — man höre: die regierenden Herren, der König und der gottorfsche Herzog, bildeten eine juristische Person; das Wegfallen einer der physischen Personen, welche jene juristische Person bildeten, konnte nicht die alsdann auf ein Haupt concentrirte Persönlichkeit des Regenten vernichten und die Nothwendigkeit begründen, durch Aufnahme eines fremden Elements die juristische Person wiederherzustellen und zu continuiren. Also der Kaiser von Rußland und der König von Dänemark — warum nur dieser, warum nicht auch sein Lehnserbe aus der sonderburgschen Linie? — bildeten eine juristische Person, den Landesherrn von Holstein; fällt der König von Dänemark weg, so ist der Kaiser von Rußland allein Landesherr, nimmt das übrige Holstein kraft Accrescenzrechtes in Anspruch und hat auf sonstige Erbrechte keine Rücksicht zu nehmen. Und an diesem Verhältnisse ist auch durch Alles, was seit 1773, der vertragsmäßigen Uebertragung des gottorfschen Antheils an Holstein auf die königliche Linie, geschah, nichts geändert.

Solche Beweisführung verdient keine Widerlegung; wir erwähnen nur, daß dies doch auch dem Kaiser Nicolaus zu viel war, und daß es seiner Weisheit, welcher das Pernice'sche Gutachten anheimgiebt, ob die russischen Ansprüche werden realisirt werden, gefallen hat, seine angeblichen Rechtsansprüche im Warschauer Protokolle von 1851 auf den gottorfschen Antheil Holsteins zu beschränken. Glücklicherweise aber giebt uns Pernice selbst durch seine Beweisführung das Mittel in die Hand, die russischen Ansprüche gründlichst zu beseitigen. Er hat ja mit aller Gelehrsamkeit gezeigt, daß das sonderburgsche Haus wegen versäumter Lehnserneuerung alles Erbrecht verloren hat, und in gleicher Weise haben die russischen Kaiser seit 1767 an eine Lehnserneuerung nicht mehr gedacht.

III.

Als ein späteres Ereigniß, durch welches das Erbrecht des sonderburgschen Hauses theils aufgehoben, theils weiter hinausgeschoben worden sei, betrachten die Dänen die Aufhebung des Lehnsnexus.

Der unglückliche Krieg Dänemarks gegen Schweden und die Friedensschlüsse von Testrup und Roschild hatten zur Folge, daß unter schwedischer Vermittelung König Friedrich III. mit dem Herzoge von Gottorf 1658 einen Vertrag schloß, durch welchen der Herzog für sich und seine männlichen Descendenten in Betreff Schleswigs von der Lehnspflicht entbunden und als souverän anerkannt wurde. Gleichzeitig befreite der König sich selbst als Herzog von Schleswig von dem Lehnsverhältnisse zum dänischen Reiche. Für das sonderburgsche Haus blieb aber das Lehnsverhältniß nicht nur in Betreff seiner schleswigschen Besitzungen, sondern auch des ganzen Herzogthums bestehen, und es ist nicht einzusehen, welche Anomalie darin liegen soll, daß Schleswig, wofern es sich in der Hand der älteren königlichen oder der gottorfschen Linie befindet, vom Lehnsverhältniß frei ist, während dasselbe wieder in Kraft tritt, wofern das Herzogthum an das sonderburgsche Haus übergeht. Hat doch noch die Wiener Congreßacte von 1815 bestimmt, daß die preußische Lausitz im Besitze des preußischen Königshauses souverän, im Falle des Aussterbens des hohenzollerschen Mannsstammes wieder böhmisches Lehn sein soll. Jedenfalls liegen aber spätere Urkunden vor, in denen von den sonderburgschen Herzögen die Investitur über ihren „Antheil nebst der gesammten Hand am Herzogthum und dem Lande Fehmarn" nachgesucht und ertheilt worden ist. Wie könnte also von einer Schmälerung ihres Erbrechts durch die sie nicht berührenden Souveränetätsdiplome die Rede sein? Der schlagendste Beweis für ihr Erbrecht und dessen Anerkennung liegt aber in dem von den Dänen selbst mitgetheilten Briefe Friedrich's III. von 1665, in welchem der König den sonderburgschen Herzögen den von ihnen zurückgewiesenen Vorschlag macht: sie sollten sich ihrer künftigen Succession in den Fürstenthümern Schleswig-Holstein in der Weise begeben, daß nicht blos der Mannsstamm, sondern auch der Weiberstamm des Königs in den Herzogthümern vor der sonderburgschen Linie succedire, während dieser „ihr jus successionis vorbehalten bleiben solle, im Fall die Königl. Familie, Mann und Fräulichen Geschlechts“ ausstürbe. Weil 1665 dieser verunglückte Versuch gemacht wurde, die dänische lex regia auf Schleswig auszudehnen, weil durch denselben das bestehende Erbrecht der Sonderburger anerkannt wurde, folgert die dänische Staatsschrift von 1846, daß seit 1658 ein sonderburgscher Successionsanspruch an Schleswig von der königlichen Linie, so lange von ihr noch Mann oder Weib übrig, als nicht mehr berechtigt betrachtet worden sei. Das wagt man zu behaupten, obwohl zu allem Ueberflusse eine Urkunde von 1709 vorhanden ist, in welcher König Friedrich IV. von Dänemark es ausspricht: „daß das in lege regia gewurzelte Erbrecht der königlichen Prinzessinnen und deren Descendenten sich auf die Herzogthümer nicht erstrecke.“

Das Lehnsverhältniß Holsteins zum deutschen Reiche dauerte fort bis zum Untergange des Reiches. Daß die Thatsache der Auflösung des Reiches und der Lehnsverbindung Holsteins mit ihm die Thronfolge, welche hier bestand, nicht berühren konnte, bedarf keines Beweises. Aber die Dänen berufen sich auf ein königliches Patent von 1806, obwohl nicht einzusehen ist, wie ein solches das Recht der Agnaten irgend alteriren konnte. Und wie verhält es sich mit diesem Patente? Ein Entwurf desselben bezeichnete Holstein als einen „mit dem gesammten Staatskörper der Unserm Königl. Zepter untergebenen Monarchie in jeder Beziehung völlig unzertrennlichen Theil.“ Dagegen protestirte der Herzog von Augustenburg, weil eine Trennung Holsteins von Dänemark bei dem Aussterben des dänischen Mannsstammes allerdings eintreten müsse. In Folge dessen wurde das „unzertrennlich“ in „ungetrennt“ verwandelt, und der Herzog erklärte nunmehr in einem Briefe an den König, daß er nach der jetzigen Fassung des Patents eine Reservations-Acte in Betreff der Erbrechte seines Hauses für überflüssig halte. Es ergiebt sich: die Aufhebung des Lehnsverhältnisses hat das Erbrecht der Sonderburger in Betreff Schleswigs wie Holsteins nicht nur nicht alterirt, sondern es ist dasselbe bei dieser Gelegenheit ausdrücklich als bestehend anerkannt worden.

IV.

Die mächtigste Stütze für die Selbständigkeit der Herzogthümer gegenüber dem Streben Dänemarks, sie möglichst als dänische Nebenländer zu behandeln und im Interesse Dänemarks auszubeuten, war der Herzog von Gottorf, welchen der König von Dänemark in den Herzogthümern als Mitregenten neben sich anerkennen mußte. Wiederholt machte der König den Versuch, auf dem Wege der Güte oder der Gewalt sich des

Mitregenten zu entledigen und schon in den Jahren 1676 und 1684 hatte er sich bei Gelegenheit der Kriege mit Schweden in den Besitz des herzoglichen Antheils an Schleswig gesetzt. Besonders den Bemühungen des großen Kurfürsten von Brandenburg hatte es der Herzog zu verdanken, daß er in seine Besitzungen und Rechte wieder eingesetzt wurde. Der große nordische Krieg gab endlich die erwünschte Gelegenheit, den längst gehegten Plan in Betreff Schleswigs zur Ausführung zu bringen. Der Herzog von Gottorf befand sich in der bedrängtesten Lage, als die ihm und seinen Besitzungen von Kaiser und Reich, von England und Holland durch den Haager Vertrag von 1710 garantirte Neutralität weder von Schweden noch von Dänemark respectirt wurde. Der Umstand, daß der Herzog der Gewalt des schwedischen Generals nachgeben mußte, war für den König der Vorwand, daß er die gottorfschen Besitzungen in Schleswig und Holstein 1713 occupirte, und trotz seiner dem Herzoge gegebenen Versprechungen, trotz einer über die Restitution des Herzogs mit Preußen geschlossenen Convention, den gottorfschen Antheil an Schleswig nicht wieder herausgab, wogegen der Herzog allerdings in Holstein in Folge kaiserlichen Mandats 1720 restituirt wurde. Ueberdies erlangte der König im Frieden von 1720 die Garantie Englands, und durch englische Vermittelung auch die Frankreichs. Obgleich nur garantirt wurde la partie Ducale du Duché de Sleswick, bemühte sich die dänische Staatsschrift von 1846 doch zu zeigen, daß die Garantie sich auf ganz Schleswig erstrecke, und 1848 wurde demgemäß wirklich von Dänemark die Hülfe Englands auf Grund der Garantie von 1720 in Anspruch genommen. Alle Zweifel über diese Garantie sind dadurch gehoben, daß mittlerweile die Documente veröffentlicht sind, welche sich auf einen Streit Dänemarks mit England über diese Garantie beziehen. Daraus ergiebt sich, daß das englische Ministerium auf Befehl Georg's I. schon 1721 erklärte, daß sich die Garantie nur bezöge auf die Jura, welche die regierenden Herzöge von Holstein-Gottorf am Schleswigschen gehabt, salvo omnino jure cujuscunque tertii. Die in der englischen Garantie-Acte ausdrücklich erwähnten „Erben und Nachfolger" des Königs könnten sich also auf diese Garantien nur dann berufen, wenn es sich darum handelte, daß der gottorfsche Antheil an Schleswig zurückgefordert würde, und auch nur der in Schleswig berechtigte Nachfolger könnte dies thun, gegenwärtig also jedenfalls nicht König Christian IX. Größeres Gewicht als auf diese Garantien legen aber die Dänen auf die Ereignisse von 1721.

„Nachdem Ihre Königl. Majestät das vorhin gewesene Antheil des Herzogthums Schleswig mit dem Ihrigen zu vereinigen und der Krone zu incorporiren für gut befunden," wurde, nicht vom Landtage, sondern von Prälaten und Ritterschaft mit Ausschluß der Städte, und auch nicht in ganz Schleswig, sondern nur im Gottorffschen, „der gewöhnliche Erbhuldigungseid in behöriger Form" gefordert und geleistet, und zwar dem Könige und „den Königl. Erb=Successoren in der Regierung, secundum tenorem legis regiae." Hieraus wird gefolgert, daß damals der gottorfsche Antheil dem königlichen, und zugleich ganz Schleswig dem Königreiche Dänemark incorporirt worden sei. Freilich muß man zugestehen, daß Niemand je etwas von dieser Incorporation gemerkt, da Schleswig nach wie vor ein selbständiges Land blieb. Aber sie soll doch soweit erfolgt sein, daß die dänische lex regia in Schleswig Geltung erhielt, freilich auch wieder nicht vollständig, sondern nur in dem auf das Erbrecht des Weiberstammes sich beziehenden Punkte. Die Logik dieser Beweisführung kann man füglich sich selbst überlassen.

Sehen wir zuerst davon ab, ob der den Prälaten und Rittern abgenöthigte Eid eine so völlige Umgestaltung der Verfassung bewirken konnte, so kann doch die Bedeutung des Eides nur gewürdigt werden nach der Meinung und Absicht der Schwörenden, nicht der des Königs. Hat man von ihnen einen die Landesverfassung umstürzenden Eid gefordert? Keineswegs! den gewöhnlichen Eid in behöriger Form. Was konnten und durften sie anders annehmen, als daß die in Schleswig geltende, die Thronfolge regelnde lex regia, nämlich das mit diesem Namen bezeichnete Primogeniturstatut von 1650 gemeint sei?

Und mit welchem Rechte hätte der König eine solche Incorporation vornehmen können? Ihr stand entgegen die Waldemarsche Constitution, welche jede Vereinigung Schleswigs mit der dänischen Krone verbietet, das Grundgesetz von 1460, welches die Untrennbarkeit Schleswigs und Holsteins festsetzt und das noch 1846 Christian VIII. als zu Recht bestehend anerkennt; ihr stand entgegen die vom Landtage weder geforderte noch ertheilte Zustimmung. Aber alle Hindernisse glauben die Dänen beseitigt, indem sie sich auf das Recht der Kriegseroberung berufen. Eine solche Eroberung würde die rechtliche Möglichkeit eines völkerrechtlich zu beurtheilenden Kriegszustandes zwischen dem Könige und seinem Mitregenten voraussetzen. Diese war ausgeschlossen durch die noch kurz vorher im Jahre 1700 bestätigte ewige Union, welche alle Streitigkeiten der Mitregenten als nur staatsrechtlich zu beurtheilende vor die Unionsausträge verwies. Und wenn man die Möglichkeit einer Eroberung des gottorfschen Antheils zugeben wollte, wie konnte ganz Schleswig nach Kriegsrecht erobert werden? Der königliche Antheil, die ungetheilten ständischen Gebiete, sie waren von Niemandem dem Könige streitig gemacht, waren nicht im Zustande der Rebellion. Ist es je erhört, daß ein Fürst sein eigenes ihm treu ergebenes Land, in welchem nicht einmal ein Feind stand, erobert hat? Und wenn man den Herzog von Gottorf strafen wollte und glaubte strafen zu dürfen, wie konnten damit die völlig unschuldigen Fürsten des sonderburgschen Hauses ihr Erbrecht verlieren? Die Dänen berufen sich auf ihren damals lebenden Geschichtsschreiber Hojer, um die 1721 erfolgte Incorporation Schleswigs zu beweisen, haben aber übersehen, daß dieser noch im Jahre 1732 ausdrücklich bezeugt, daß „das in lege regia gewurzelte Erbrecht der königlichen Prinzessinnen und deren Descendenten sich auf die Herzogthümer nicht erstrecket.“ Und endlich die unverdächtigsten Zeugen, die Könige von Dänemark selbst, glaubten sie, daß eine das Erbrecht der Sonderburger vernichtende Incorporation erfolgt sei? König Friedrich IV. hatte allerdings den Wunsch Schleswig zu incorporiren, und ließ sich von dem Geheimen Rathe v. Breitenau ein Gutachten darüber ertheilen. Dieser fand, daß der Incorporation „fast insuperable Hindernisse“ entgegenständen, namentlich die nicht zu beseitigenden Erbrechte des Mannsstammes. Der König war mit dem Resultate unzufrieden, fand aber die Sache von solcher Importance, „daß man solches nicht alsofort vonnöthen hat zu verändern;“ d. h. er erklärte, daß keine Incorporation erfolgt sei, aber für später vorbehalten werden solle. Sie ist nie erfolgt, denn der offene Brief Christian's VIII., die jetzt von Christian IX. dictirte Verfassung, sie machen nicht den Versuch, eine Incorporation erst herbeizuführen, sondern stützen sich auf die angeblich schon 1721 erfolgte Incorporation.

Die dänische Staatsschrift selbst erzählt ferner ganz unbefangen, daß auch nach 1721 die sonderburgschen Herzöge die Belehnung zur gesammten Hand am Herzogthume Schleswig nachgesucht hätten, und daß noch 1767 ein Erwiderungsschreiben des Königs anerkannt hätte, daß „die Rechte der Linie durch die Muthungen gewahrt sein sollten.“ Also die angeblich schon 1721 vernichteten Erbrechte des sonderburgschen Hauses sind, wie die Dänen selbst uns erzählen, im Jahre 1767 vom Könige in aller Form Rechtens urkundlich verbrieft worden! —

Und eben diese Beweisführung von der 1721 erfolgten Incorporation Schleswigs und der damit angeblich verbundenen Aufhebung der sonderburgschen Erbrechte, sie ist das Beste, was die Dänen in Betreff Schleswigs zu leisten wußten. Auf sie allein, in Verbindung mit den Garantien Englands und Frankreichs, gründete Christian VIII. im offenen Briefe von 1846 die Behauptung, daß in Schleswig mit Beseitigung des Erbrechtes der Agnaten, die Erbfolge des dänischen Königsgesetzes gelte.

Nichts anderes war im Jahre 1721 geschehen, als daß der König thatsächlich und rechtswidrig, wie Hojer sich ausdrückt, den herzoglichen Halbscheid Schleswigs mit dem königlichen vereinigt hatte.

Aber der Tag der Rache schien sich zu nahen, als 1741 die Kaiserin Elisabeth von Rußland ihren unmündigen Neffen, den Herzog von Gottorf, zu ihrem Thronfolger in Rußland berief, und dessen Vormunde, dem Bischofe von Lübeck, die Thronfolge in Schweden sicherte. Kaum hatte der Herzog als Peter III. den russischen Thron bestiegen, so schickte er sich an, das gesammte dänische Königshaus, wie er sagte, nach Tranquebar zu verjagen. Seine Ermordung rettete Dänemark, und Katharina II. ließ sich bereit finden, den 1721 begründeten factischen Zustand in einen rechtlichen zu verwandeln. Im Namen ihres unmündigen Sohnes Paul, als Herzogs von Gottorf, bewilligte sie 1767 „die von Königlich dänischer Seite anbegehrte völlige Renunciation auf den von der Krone Dänemark occupirten hochfürstlichen Antheil des Herzogthums Schleswig," und dieser Verzicht wurde vom Großfürsten Paul 1773 bestätigt. Man beachte wohl, der Herzog von Gottorf hat einfach auf seinen Antheil an Schleswig verzichtet, er hat nicht sein Recht irgend Jemandem cedirt. Die Folge davon ist, daß sich seit jener Zeit nicht blos der königliche Antheil, sondern ganz Schleswig im Mannsstamme des oldenburgschen Hauses vererbt, und daß es, nach dem Aussterben der älteren wie der jüngeren königlichen oder sonderburgschen Linie, an die gottorfsche, zunächst die kaiserlich russische fallen müßte. Noch im Jahre 1851 hat Kaiser Nicolaus selbst im Warschauer Vertrage es anerkannt, daß das Aussterben des dänischen Mannsstammes dem russischen Kaiserhause keinen Anspruch auf irgend einen Theil Schleswigs verleihen kann. Es ist daher einfach eine Fälschung der Wahrheit und der Urkunden, wenn man jetzt — Neue Preuß. Zeitung Nr. 281 — behaupten will, Rußland habe seinen Antheil an Schleswig nur an „die männliche Posterität" der königlichen Linie abgetreten, und habe ihn jetzt zurückzuforden, falls der Londoner Vertrag von 1852 nicht zur Ausführung komme. Der erste Artikel des Vertrages von 1767 erwähnt nicht irgend welche Person, zu deren Gunsten verzichtet würde. Dieser Vertrag wurde vom Großfürsten Paul 1773 „in allen Punkten förmlich agnoscirt." Darauf folgt der einfache Verzicht, der kein Wort einer Cession enthält, und dann erst wird hinzugefügt, daß „solchem nach" der König und seine königlichen Kronerben Schleswig ungestört besitzen werden. Es ist urkundlich erwiesen, daß als königliche Kronerben auch die Erben der schleswigschen Herzogskrone bezeichnet werden, und wäre es nicht, so schließt die als Folge des Verzichts ausgesprochene Thatsache, daß die Könige von Dänemark Schleswig besitzen werden, nicht entfernt aus, daß das Gleiche auch für die Herzöge Schleswigs aus dem sonderburgschen Hause gilt.

Praktisch bedeutungslos ist es, daß schon vorher auch der schwedische Thronfolger und sein Bruder verzichtet hatten, denn ihre Linie steht jetzt im Prinzen von Wasa auf zwei Augen, und wird nie in die Lage kommen, Erbansprüche zu erheben. Von Interesse ist nur, daß der Verzicht mit ausdrücklichem Ausschlusse der weiblichen Descendenten zu Gunsten der männlichen Nachkommen und der Erben des Königs erfolgte, d. h. daß auch hier mit Zustimmung des Königs es anerkannt wurde: nur sein Mannsstamm und seine Erben aus den übrigen Linien des oldenburgschen Hauses seien erbberechtigt, weil das dänische Königsgesetz hier nicht gelte. Hiermit verlassen wir Schleswig, denn auch die Gegner haben Weiteres nicht auffinden können, um das Recht des sonderburgschen Hauses auf Schleswig zu bestreiten. Bestritten ist das Recht, aber wir fragen: ob die unerhörte Art, wie es bestritten wird, irgend geeignet ist, das Recht selbst zu erschüttern und zu verdächtigen?

V.

Mit dem königlichen Antheile an Holstein, der den größten Theil des Landes umfaßt, und in Betreff dessen man bisher das Erbrecht des augustenburgschen Hauses nur auf Grund der angeblich unterlassenen Lehnserneuerung zu bestreiten wußte, sind aber allmählich andere Landestheile verbunden worden, und damit entsteht die Frage, ob sich das sonderburgsche Erbrecht auch auf sie erstreckt?

Der südöstliche Theil Holsteins mit der Stadt Altona bildete ehemals die Herrschaft Pinneberg, welche als selbständiges Land noch gar nicht existirte, als die Schauenburger Holstein zu Lehn bekamen. Erst durch Landestheilungen unter den schauenburger Fürsten kam Pinneberg in die Hand der westphälischen Linie der Schauenburger, während das übrige Holstein im Besitz der rendsburger Linie war. Beide Linien sicherten sich im Kieler Vertrage von 1390 für den Fall des Aussterbens der einen oder andern die Nachfolge in ihren Besitzungen, „wente alle unse Gcht schall blyven in eener hand und Lehnischer Wehre, tho ewigen tyden.“ Pinneberg war also Lehn wie Holstein und nur ein abgesonderter Theil Holsteins; oder Holstein war ein Gesammtlehn, welches die beiden schauenburgschen Linien zur gesammten Hand besaßen. Als aber die rendsburgische Linie ausstarb, succedirte nicht, wie es hätte geschehen müssen, die in Pinneberg regierende Linie, sondern Christian I. von Oldenburg wurde zum Herzoge gewählt. Er fand sich mit dem pinnebergschen Grafen Otto im Oldesloer Vertrage von 1460 ab, indem Otto seine Rechte auf Holstein an Christian cedirte, wogegen die Oldenburger auch insofern in die Rechte der ausgestorbenen rendsburger Linie eintraten, als nunmehr die Oldenburger und die pinnebergschen Schauenburger wechselseitig auf der Belehnung zur gesammten Hand beruhende Successionsrechte an ihren beiderseitigen Besitzungen hatten. Wenn daher späterhin die Oldenburger sich stets zur gesammten Hand mit Holstein „sammt dessen incorporirten Landen, auch allen und jeden Herrschaften zu erwähntem Fürstenthum gehörig" begriffen, belehnen ließen, so ist nothwendig hierin auch Pinneberg begriffen, das überdies Kaiser Karl V. in einer Bestätigung der Rechte Christian's II. an Holstein ausdrücklich namhaft macht.

Als daher 1640 der Mannsstamm der pinnebergschen Schauenburger ausstarb, waren die von Christian I. abstammenden oldenburgschen Fürsten zur Nachfolge berufen, und es hätten die dem Grade nach Nächsten der königlichen, der sonderburgschen und gottorfschen Linie succediren müssen. Gleichwohl theilten der König und der Herzog von Gottorf, mit Uebergehung der Sonderburger, allein unter sich, was die Letzteren veranlaßte, ihre Erbberechtigung durch Protest bei dem Reichshofrathe geltend zu machen. Dies hatte die Folge, daß, wenn sie zwar keinen Theil von Pinneberg erhielten, doch ihre Erbberechtigung für die Zukunft ausdrücklich dadurch anerkannt wurde, daß der Vertrag des Königs mit dem gottorfschen Herzoge, in welchem diese mit Ausschluß der Sonderburger sich wechselsweise die Succession in ihren Antheilen an Pinneberg sicherten, cassirt wurde. Das Recht des sonderburgschen Hauses, nach dem Abgange des dänischen Mannsstammes auch in Pinneberg zu succediren, beruht also allerdings auf der Voraussetzung, daß Pinneberg Lehn war. Wie beseitigen die Gegner diese Erbberechtigung des sonderburgschen Hauses? Das Pernice'sche Gutachten ignorirt den Umstand, daß Pinneberg ein Theil Holsteins und darum unzweifelhaft Lehn war, und behandelt es als ein ganz selbständiges Land; es übergeht mit Stillschweigen die Verträge von Kiel und Oldesloe, welche die Basis für das Successionsrecht des oldenburgschen Hauses bilden. Dagegen wird der Umstand, daß die Pinneberger Grafen von Schauenburg es unterließen sich belehnen zu lassen, daß darum Pinneberg vielfach als eine Allodialherrschaft angesehen wurde, benutzt, um die Lehnsqualität Pinnebergs zu leugnen, und den Erwerb desselben Seitens des Königs und des Herzogs von Gottorf als den Kauf einer Allodialbesitzung darzustellen, auf welche darum die bei'm Kaufe nicht betheiligten Sonderburger keinen Anspruch haben. Nachdem man sich so den Boden künstlich zubereitet hat, ist es leicht, alle weiteren Beweise, die für das Recht der Sonderburger sprechen, zu entkräften. Verschweigt man, daß Pinneberg ein Theil Holsteins und darum ursprünglich Lehn war, daß den Oldenburgern als Beliehenen zur gesammten Hand vertragsmäßig die Succession in Pinneberg gesichert war, so ist es freilich leicht zu behaupten, daß sich die Belehnung der Oldenburger mit Holstein und zugehörigen Herrschaften nicht auf Pinneberg bezogen habe.

Aber Karl V. bestätigt ausdrücklich das Recht der Oldenburger auf Pinneberg! Gleichviel — eine alte Rechtsregel sagt: Confirmatio nihil novi juris dat, sed antiquum, si quod adest, conservat, und da es Pernice nun einmal so gefallen hat, den Oldenburgern ein Recht auf Pinneberg abzusprechen, so ist diese Kaiser-Urkunde gleichgültig; sie konnte kein Recht bestätigen, das nicht da war. Wahrlich eine überzeugende Beweisführung.

Die Gegner müßten erst beweisen, daß das Lehn Pinneberg zum Allod geworden sei, denn das verschwiegene Lehn verwandelt sich nicht ohne Weiteres in Allod, und wäre es geschehen, wie hätte es den Rechten der Oldenburger nachtheilig sein können, welche bis zum Erwerbe Pinnebergs die Belehnung nicht versäumt haben? Allerdings wurde vom Könige und Herzoge die Mutter des letzten Schauenburger für die unbegründeten Ansprüche, die sie erhob, durch Geld abgefunden. Es geschah aber unter dem Proteste, daß der König und der Herzog durch „die gütliche Handlung ihre jura im geringsten nicht wollen geschwächt wissen." Ist das ein Kauf? Die Sonderburger haben durch ihren Protest, wie gezeigt, bewirkt, daß das ihren künftigen Erbansprüchen entgegenstehende Abkommen des Königs und Herzogs cassirt wurde. Das Gutachten verschweigt es. Ihre Erbberechtigung wurde später anerkannt, indem bei dem Verkaufe eines Theiles von Pinneberg ihr Consens eingeholt wurde. Das Gutachten sagt, daß dieser Consens mit den lehnrechtlichen Verhältnissen in gar keinem Zusammenhange stehe, versäumt aber anzugeben, was in aller Welt er wohl zu bedeuten hatte, wenn die Consentirenden gar kein Anrecht auf das veräußerte Land hatten. Es beruft sich darauf, daß die Fürsten, von denen die heut noch existirenden sonderburgschen Linien abstammen, nicht consentirten. Um so unbedenklicher werden sie das Recht haben, diesen Verkauf als für sie unverbindlich anzufechten.

Der Herzog von Gottorf verkaufte nämlich das Amt Barmstedt, den auf ihn gefallenen Theil Pinnebergs mit Consens des Königs und einiger sonderburgscher Fürsten, an Christian von Ranzau, der es als die „des h. Röm. Reichs unmittelbar gefreyete Grafschaft" Ranzau besaß. Sein Sohn bestimmte aber in einer vom Kaiser bestätigten Schenkungsacte, daß die Grafschaft nach Aussterben seines Mannsstammes an König Christian V. oder dessen Erb-Successoren in der Regierung und Lehnserben allen solle. Dies ist 1734 geschehen, und will man mit dem Gutachten leugnen, daß die Sonderburger als Lehnserben des Mannsstammes der älteren königlichen Linie Ansprüche auf Ranzau haben, so haben sie dieselben heut vermöge des Umstandes, daß ihre Vorfahren in diesen Verkauf nicht eingewilligt haben.

VI.

Diejenige Frage, welche für die Gegenwart die bedeutsamste ist, weil an sie der Vertrag von Warschau von 1851, die Vorbereitung für den Londoner Vertrag, sich anschließt und weil sie gegenwärtig als Schreckmittel gegen die benutzt wird, welche die Rechtsbeständigkeit des Londoner Vertrages anfechten, das ist die Frage, ob der ehemals gottorfsche Antheil an Holstein wirklich, wie behauptet wird, nach dem Aussterben des dänischen Mannsstammes an das russische Kaiserhaus zurückfällt, oder ob das Recht des sonderburgschen Hauses sich auch auf ihn erstreckt? Bevor wir aber den Vertrag näher betrachten, durch welchen das dänische Königshaus den gottorfschen Antheil an Holstein erwarb, sind vorher zwei andere Fragen zu erledigen.

Nachdem Christian I. den dänischen Thron bestiegen hatte, verzichtete er zu Gunsten seiner Brüder auf das oldenburgsche Stammland, die Grafschaften Oldenburg und Delmenhorst, das heutige Großherzogthum Oldenburg, nicht auf die Erbansprüche, die ihm und seinen Nachkommen für den Fall zustanden, daß die im Stammlande regierenden Oldenburger aussterben möchten. Ein Jahrhundert später wandten sich die schleswig-holsteinschen Oldenburger an den Kaiser, um ihre agnatischen Erbrechte auf Oldenburg anerkannt zu sehen. Sie erhielten eine kaiserliche Urkunde, welche einerseits als Exspectanzbrief, d. h. als das Versprechen erscheint, sie mit der Grafschaft Oldenburg belehnen zu wollen, falls diese nach Abgang des dort regierenden Mannsstammes dem Kaiser heimfallen würde, andererseits bestehende „jura agnationis," die deshalb unabhängig von einer erst in Aussicht gestellten Belehnung geltend zu machen waren, anerkennt. Wenn der Kaiser in Rücksicht auf „Ihr. Lbd. habenden jura agnationis" die künftige Belehnung verspricht, kann von einer Exspectanz nicht die Rede sein. Aber in den späteren hierauf sich beziehenden Urkunden ist allerdings stets die Bezeichnung „Exspectanz" gebraucht, und um den Gegnern das Mögliche zuzugestehen, wollen wir annehmen, es habe sich nur um eine solche gehandelt. Eine Exspectanz würde allerdings heut nach Auflösung des Reiches unzweifelhaft nicht mehr geltend gemacht werden können. Aber schon 1667 starb die in Oldenburg regierende Linie aus, und der zur Nachfolge zunächst Berufene war das Haupt einer jetzt ausgestorbenen Linie des sonderburgschen Hauses, der Herzog von Plön. Er mußte sein Recht auf dem Wege des reichsgerichtlichen Processes gegen den König von Dänemark und den Herzog von Gottorf geltend machen, und erlangte die volle Anerkennung desselben. Der König vermochte ihn aber zu einem Vergleiche, in welchem er Oldenburg an den König abtrat, jedoch mit dem Vorbehalte, daß nach dem Aussterben der von König Friedrich III. abstammenden „männlichen Leibes-Lehns-Erben" Oldenburg an die Agnaten seines fürstlichen Hauses zurückfallen solle. Die männliche Descendenz Friedrich's III. ist eben jetzt mit Friedrich VII. ausgestorben, und es wird auch von den Gegnern nicht bestritten, daß nunmehr kraft jenes Vorbehaltes der Herzog von Augustenburg, als nächster Agnat des Herzogs von Plön, das Großherzogthum Oldenburg zu fordern berechtigt ist, falls dem nicht irgend ein sonstiges Hinderniß entgegensteht.

Ein solches Hinderniß glauben aber die Gegner gefunden zu haben. Der Vorbehalt des Herzogs von Plön soll, wie Pernice behauptet, wirkungslos sein, weil Niemand mehr Rechte vorbehalten könne, als ihm zustehen. Der Herzog von Plön habe aber die Grafschaften auf Grund der Exspectanz nur für sich und die plönsche Linie erworben, während die übrigen Linien des sonderburgschen Hauses kein bereits dinglich begründetes jus succedendi, sondern lediglich eine Exspectanz hatten, die jetzt wirkungslos sei, weil mit Auflösung der Reichsverfassung der Lehnsherr verschwunden ist. Pernice hat hierbei zuvörderst ganz übersehen, daß nach seiner Theorie der Herzog von Plön die Grafschaften auch nur für so lange übertragen konnte, als der Mannsstamm seiner Linie existirte. Als daher 1761 der letzte Herzog von Plön starb, hätte das Anrecht der königlichen Linie auf Oldenburg aufhören, es hätte Oldenburg als eröffnetes Lehn heimfallen und vom Kaiser der nunmehr kraft Exspectanz nächstberechtigten sonderburgschen Linie zu Lehn gegeben werden müssen. Daß der König Oldenburg noch nach 1761 besaß, daß er es später an den Großfürsten Paul cedirte, alles dies wäre rechtswidrig, und doch hat Pernice unmittelbar vorher bewiesen, daß Oldenburg bis 1773 rechtmäßig der königlichen Linie zustand und seitdem der jüngeren gottorfschen. Konnte der Herzog von Plön nicht mehr Rechte für die Sonderburger vorbehalten, als ihm gebührten, so konnte er auch nicht mehr Rechte auf die königliche Linie übertragen, welche Oldenburg nicht kraft der ihr ertheilten Exspectanz, sondern kraft Cession erwarb und besaß. In Wahrheit aber verhält es sich ganz anders, denn Kaiser Ferdinand III. hat 1642 nicht dem Herzoge von Plön und seinen Agnaten der plönschen Linie, sondern dem Herzoge von Plön, seinen Brüdern und sämmtlichen Vettern vom sonderburgschen Hause nebst ihren Leibes-Lehns-Erben die Exspectanz ertheilt. Welcher derselben in Rücksicht auf Linie und Grad Oldenburg erwerben werde, war noch ungewiß. Als aber der Herzog von Plön als der Nächstberechtigte Oldenburg erwarb, erwarb er es nicht blos für sich und seine Descendenten, sondern dem Exspectanzbriefe des Kaisers entsprechend, für alle seine Lehnserben des sonderburgschen Hauses, die nunmehr nicht kraft einer Exspectanz, sondern als Agnaten des Herzogs von Plön allerdings ein dinglich begründetes Erbfolgerecht hatten. Als Lehnserben des Herzogs haben sich die übrigen sonderburgschen Fürsten an dem Processe, der geführt werden mußte, betheiligt, und nur unter solcher Voraussetzung finden alle späteren Ereignisse ihre Erklärung. Der Vorbehalt des Herzogs hat also heut seine volle Wirksamkeit, und bestätigt überdies nur dasjenige, was ohnehin die nothwendige rechtliche Folge des Abganges des dänischen Mannsstammes sein mußte.

Die plönsche Linie starb aber im Jahre 1761 aus, und schon vorher hatten sich die sonderburgschen Agnaten, von denen die jetzt noch vorhandenen beiden Linien, die augustenburgsche und glücksburgsche, abstammen, bestimmen lassen, ihre Erbansprüche an die plönschen Besitzungen an „Ihro Königl. Maj. zu Dänemark und Dero Königl. Erben und Successoren auf ewig zu übertragen." Wer sind die „Königlichen Erben?" Sind es nur die Erben der königlichen Krone von Dänemark oder sind es die Erben, auf welche die mit der königlichen Krone vereinigte herzoglich holsteinsche Krone übergeht? Im letzteren Falle haben jene Cessionen die Bedeutung, daß zwar die Augustenburger für ewig darauf verzichtet haben, irgend welche Rechte als die nächsten Erben des Herzogs von Plön geltend zu machen, nicht aber darauf, nach Aussterben des dänischen Mannsstammes in Folge des Vorbehaltes des Herzogs von Plön und kraft agnatischen Rechts auch die plönsche Erbschaft zu fordern. Im ersteren Falle aber geht die plönsche Erbschaft nach Aussterben des dänischen Mannsstammes auf den dänischen Weiberstamm über, und die Augustenburger haben auch zu Gunsten dieses verzichtet. In diesem Sinne legt das Pernice'sche Gutachten die Verzichte aus, ohne sich dadurch irre machen zu lassen, daß, wie urkundlich längst nachgewiesen war, von der Krone, der königlichen Krone im siebzehnten und achtzehnten Jahrhundert stets auch da die Rede ist, wo die mit ihr vereinigte herzoglich holsteinsche oder schleswigsche gemeint ist. Viel unverzeihlicher ist es freilich, daß sich ein sachkundiger Mann wie Pernice durch einen anderen Umstand nicht irre machen ließ. Wie konnten denn die sonderburger Fürsten irgend daran denken, einzelne Theile Holsteins, eines Reichslehns, in welchem der Weiberstamm von aller Nachfolge ausgeschlossen ist, durch ihren Verzicht auf die dänischen Cognaten zu übertragen? Wie läßt sich irgend annehmen, daß die Sonderburger ganz unvermerkt ohne Zustimmung des Kaisers und der Landstände eine so bedeutsame Aenderung der Thronfolge bewirkt haben sollen? Ohne den strengsten urkundlichen Beweis, daß mindestens der Kaiser seine Zustimmung gegeben habe, ließe sich dies unmöglich annehmen, und dies allein mußte schon darauf führen, daß zu den königlichen Erben hier nur der dänische Mannsstamm und nach dessen Abgange die Fürsten der jüngeren königlichen, der sonderburgschen Linie gehören. Und so verhält es sich wirklich. Ostwald, auf dessen Angaben sich das Gutachten Pernice's stützt, hat es für angemessen erachtet, zwar die Verzichts-Urkunden der Sonderburger aus dem Kopenhagener Archive zu publiciren, dagegen nicht den vom Kaiser bestätigten Vertrag, dessen Beilagen jene Urkunden bilden.

In einer Urkunde vom 5. März 1761*) bestätigte der Kaiser den Successionsvertrag von 1756 für „den Herzog zu Holstein Plön Liebden, dann Se. Majestät den König zu Dänemark und Norwegen, als Herzog zu Holstein, deren Erben und Nachkommen" unter Vorbehalt jedes Rechtes des Kaisers und Reiches wie jedes Dritten. Daß aber die dänischen Cognaten nicht zu den Erben des Königs als Herzogs von Holstein gehören, daß diese Erben nach Aussterben des dänischen Mannsstammes nur die Fürsten des sonderburgschen Hauses sind, bedarf keines Beweises. In der ganzen Urkunde wird mit großer Vorsicht nicht ein einziges Mal der König von Dänemark erwähnt, ohne den Zusatz: „als Herzog von Holstein." Und durch diesen Vertrag sollen die dänischen Cognaten Successionsrechte in Holstein erworben haben?! — Die mehr als kühne Conjectur Pernice's, daß der Vertrag selbst, den er nicht kannte, gewiß in Uebereinstimmung stehen werde mit der, allen obwaltenden rechtlichen Verhältnissen widersprechenden Auslegung, welche er den Cessionen gegeben hatte, erweist sich also als völlig verfehlt. Damit steht jetzt unbestreitbar fest, daß auch die plönsche Erbschaft nach Abgang des dänischen Mannsstammes auf das augustenburger Haus übergeht.

Hiermit aber erledigen sich zugleich auf das Vollständigste die viel weiter gehenden Consequenzen, welche eine dänische Staatsschrift von 1851, die nicht veröffentlicht, nur den Höfen vorgelegt worden ist, aus den Cessionen von 1756 gezogen hat. Sie erblickt in denselben einen Verzicht, durch welchen sich die sonderburgschen Fürsten all' und jeder eventuellen Successionsrechte auf den königlichen und herzoglichen Antheil Holsteins, also auf ganz Holstein begeben haben sollen, woraus namentlich auch der

---

*) Wir theilen diese Urkunde weiter unten als Beilage mit.

Rückfall des gottorfschen Holsteins an Rußland bei Aussterben des dänischen Mannsstammes folgen müßte, ein Punkt, auf dessen Beweis es freilich 1851 zur Zeit des Warschauer Protokolls ganz besonders ankam. Die sonderburgschen Herzöge verzichteten auf „die herzoglich plönsche Landesantheile und Feudal-Possessiones," der Kaiser bestätigte den Successionstractat, nachdem „die fürstlichen Stammesagnaten wegen ihrer Gerechtsame intuitu einer künftigen Succession in diejenigen fürstlichen Feudallande, welche für sie einmal auf den Abgang des Herzogs von Plön männlichen Posterität würden eröffnet worden sein," entsagt haben. Und das soll ein Verzicht auf ganz Holstein sein! — Noch mehr, wenn die bisher bekannten Cessionen irgend einen Zweifel über die Bedeutung der Verzichte übrig lassen konnten, der kaiserlich bestätigte Vertrag beseitigt jeden möglichen Zweifel. Der Verfasser der dänischen Staatsschrift von 1851 hatte die der Welt bisher vorenthaltene Kaiserurkunde in der Hand, er citirt eine Stelle aus derselben, verschweigt aber den weiteren Inhalt, um jene unerhörte Verdrehung der Cessionen vornehmen zu können. Wir dürfen hier keinen Anstand nehmen, jene dänische Staatsschrift der absichtlichen Fälschung zu bezüchtigen.

Ueber Oldenburg, das jetzt an das sonderburgsche Haus fallen müßte, ist mittlerweile vom dänischen Könige anderweitig verfügt worden, indem es der Preis war, um welchen man von der Kaiserin Katharina II. und ihrem Sohne Paul den Verzicht auf den gottorfschen Antheil von Holstein erlangte. Dieser Vertrag, gleichzeitig geschlossen mit dem auf den gottorfschen Antheil an Schleswig sich beziehenden, unterscheidet sich von diesem in einem wichtigen Punkte. Auf den gottorfschen Antheil an Schleswig wurde einfach verzichtet, und die rechtlichen Folgen davon ergaben sich von selbst. Ganz Schleswig befand sich fortan in dem ausschließlich und nunmehr rechtmäßigen Besitze des Königs und vererbte sich im dänischen Mannsstamme, mit dessen Aussterben es an das sonderburgsche Haus fällt. Der gottorfsche Antheil an Holstein dagegen wurde cedirt an den König von Dänemark und „Dero männliche Descendenten, wie auch eventualiter an Dero Herrn Bruders, des Prinzen Friedrich's Königl. Hoheit und ihre männliche Posterité." Damit steht zuvörderst fest, daß der dänische Weiberstamm im gottorfschen Antheile an Holstein unmöglich succediren kann, und das war das Bedenken, welches Christian VIII. in seinem offenen Briefe von 1846 aussprach. Weiter aber fragt es sich, ob die Meinung die war, daß nach Abgang der männlichen Nachkommen des Königs und seines Bruders das gottorfsche Holstein sich auf die jüngere königliche Linie, die Sonderburger, vererben oder an den russischen Kaiser zurückfallen solle. Die mannichfachsten Gründe sprechen dafür, daß an einen solchen Rückfall damals nicht gedacht und daß er nicht beabsichtigt wurde. Könnte irgend ein Zweifel darüber obwalten, ob die Cession des gottorfschen Holsteins nur zu Gunsten der älteren oder auch der jüngeren königlichen, der sonderburgschen Linie erfolgen sollte, er würde dadurch vollständig gehoben, daß vorher beide Contrahenten dem sonderburgschen Hause das ihm vorbehaltene Recht nach Aussterben des dänischen Mannsstammes Oldenburg zurückzufordern ausdrücklich garantirt hatten, und daß sie darum unmöglich glauben konnten, ihrem Tauschgeschäfte eine Wirksamkeit „zu ewigen Tagen" beizulegen, falls sie nicht die Absicht hatten, daß das sonderburgsche Haus für seine Ansprüche auf Oldenburg durch den Erwerb eines Successionsrechtes im gottorfschen Holstein entschädigt werden solle. Dieser Absicht der Contrahenten und dieses Successionsrechtes haben sich aber überdies die Sonderburger durch jetzt veröffentlichte Urkunden versichert. Sie sind allerdings zu jenem Tauschgeschäfte nicht zugezogen worden. Als aber der König von Dänemark 1750 zunächst mit der schwedischen Linie der Gottorfer über den Tausch Oldenburgs gegen das gottorfsche Holstein übereingekommen war, erhielt der Herzog von Plön zur Sicherung der Rechte seines Hauses vom Könige Friedrich V. eine Versicherungsacte, in welcher es heißt, daß wenn ihm oder seinen Leibes-Lehns-Erben die Einräumung der Grafschaften Oldenburg und Delmenhorst verweigert werden möchte „sodann Er oder Sie, bis sie zu dem ruhigen Besitze derselben gelanget, Sich an den fürstlichen Antheil von Holstein halten, solchen in Besitz nehmen, und daraus, unter Manutenenz Unserer Successoren in den Reichen Dänemark und Norwegen, nicht ehender, als bis die Einräumung der Grafschaften wirklich geschehen, gesetzet werden sollen." Als aber 1773 durch den Vertrag mit dem Großfürsten Paul der Tausch wirklich stattgefunden hatte, war wiederum der Herzog von Glücksburg bemüht, die Rechte seines Hauses zu wahren, und erlangte vom Könige die Versicherung, „daß allen möglichen Besorgnissen für die Zukunft hinreichend vorgebaut und prospicirt sei," da die Grafschaften „durch die jetzt vollzogene Permutation gänzlich in die Stelle des großfürstlichen Antheils am Herzogthum Holstein treten sollen." So ist das Recht des sonderburgschen Hauses auf das gottorfsche Holstein nicht blos ausdrücklich anerkannt, sondern es würde sogar jetzt von Dänemark, gleichviel wer dort als König herrscht, die Garantie des ungestörten Besitzes gefordert werden können.

Wir beabsichtigen also durchaus nicht den Worten der großfürstlichen Cession irgend welchen Zwang anzuthun. Die Cession erfolgte nur zu Gunsten des dänischen Mannsstammes. Dies aber widerspricht der klaren Absicht der Contrahenten, ihrem Tauschgeschäfte eine über den Abgang des dänischen Mannsstammes hinausreichende Wirksamkeit beizulegen, gar nicht. Dem Könige, der eben der Gefahr nach Tranquebar verjagt zu werden, entgangen war, kam es wesentlich darauf an, den Vertrag möglichst schnell zum Abschlusse zu bringen. Da er über Oldenburg für alle Zukunft verfügen wollte, obwohl er es in Rücksicht auf die Erbrechte der Sonderburger nicht konnte, so hätte er eigentlich diese als Contrahenten mit zuziehen müssen. Ob sie sich aber würden bestimmen lassen, einen solchen Vertrag zu unterzeichnen, schien höchst bedenklich, da es darauf ankam, daß Rußland in den Besitz des ihnen feierlichst zugesicherten und rechtlich zustehenden oldenburgschen Erbes gesetzt werden sollte. Man überging sie, schloß einen Vertrag, durch welchen Oldenburg und das gottorfsche Holstein „zu beständigem Eigenthume" „zu ewigen Tagen" ausgetauscht wurden, indem man voraussetzte, daß die Sonderburger, die man um ihre Zustimmung nicht bitten wollte, dereinst auch ohne diese sich mit dem Aequivalente Oldenburgs, mit dem gottorfschen Antheile Holsteins, begnügen würden, wogegen von einem Vorbehalte, daß nach Aussterben des dänischen Mannsstammes das Geschäft rückgängig gemacht werden solle, nicht entfernt die Rede ist.

Aber wir wollen uns auch hier, um die völlige Nichtigkeit aller Einwendungen darzuthun, auf den Standpunkt der Gegner stellen, und annehmen, das russische Kaiserhaus habe das Recht, nach Abgang des dänischen Mannsstammes das gottorfsche Holstein zurückzufordern. Dies ist die Voraussetzung, von welcher der König Friedrich VII. und Kaiser Nicolaus bei der Unterzeichnung des Warschauer Protokolls von 1851 ausgingen. Aber der Großfürst Paul cedirte seine Rechte auf Holstein nicht unentgeltlich, sondern erhielt vom Könige von Dänemark als Aequivalent die Grafschaften Oldenburg und Delmenhorst. In einem Separatartikel des Vertrages war verabredet, daß der Großfürst Paul diese Grafschaften der jüngeren Linie des gottorfschen Hauses übergeben werde, um diesen „ihm so nahe verknüpften Agnaten zu einem anständigen Etablissement zu ewigen Zeiten zu verhelfen." Hierbei kommt in Betracht, daß dies nicht ein reiner Act der Liberalität war, sondern daß es zugleich darauf ankam, die jüngere gottorfsche Linie für ihre Erbansprüche auf das gottorfsche Holstein zu entschädigen. Dies erkannte Paul ausdrücklich an, indem er für sich, seine Erben und Descendenten „solenniter und zu ewigen Tagen" feststellte, „daß die Grafschaften Oldenburg und Delmenhorst, welche bei diesem Austausche an die Stelle des Herzogthums Holstein eintreten," an die jüngere gottorfsche Linie übergehen sollen.

Rußland ist also vertragsmäßig verpflichtet, dem jetzt großherzoglich oldenburgschen Hause den Besitz Oldenburgs „zu ewigen Tagen" zu gewähren. Dem aber könnte ein rechtliches Hinderniß entgegentreten, denn der König von Dänemark hatte, wie gezeigt, Oldenburg vom Herzoge von Plön nur für so lange erworben, als der dänische Mannsstamm existiren würde, konnte also auch über Oldenburg zu Gunsten Anderer nur auf so lange verfügen. Es würde also jetzt in die Hand des erbberechtigten augustenburgschen Agnaten gegeben sein, entweder von dem Vorbehalte des Herzogs von Plön Gebrauch zu machen und demgemäß Oldenburg zu fordern, oder auch seinerseits den vom Könige von Dänemark geschlossenen Tauschvertrag anzuerkennen und sich mit dem Aequivalente Oldenburgs, dem gottorfschen Antheile an Holstein, zu begnügen. Wollte aber Rußland diesen Antheil zurückfordern, so würde der erbberechtigte augustenburgsche Agnat gezwungen sein, das von diesen Tauschverträgen ganz unabhängige Recht auf Oldenburg geltend zu machen, und die unvermeidliche rechtliche Folge wäre, daß Rußland dem Großherzoge von Oldenburg, dem er den Besitz Oldenburgs länger nicht gewähren könnte, nunmehr das Aequivalent Oldenburgs, das gottorfsche Holstein „zu ewigen Tagen" gewähren müßte.

Es ist von Interesse daran zu erinnern, daß dies sogar reichsgesetzlich festgestellt worden ist. Bei Kaiser und Reichstag wurde es bewirkt, daß Oldenburg, zum Herzogthum erhoben, eine Stimme am Reichstage erhielt. Dieser aber berücksichtigte den möglichen Fall, daß Oldenburg wegen des Vorbehaltes des Herzogs von Plön dereinst von dem gottorfschen Hause zurückgefordert werden könnte. Abweichend von der Regel, daß die Stimme am Reichstage, als am Lande haftend, zu betrachten sei, wurde darum vom Reichstage festgestellt, daß die oldenburgsche Stimme am Fürstenhause haften und deshalb auf das Gebiet übergehen solle, dessen Besitz die Herzöge erhalten würden, wofern sie dereinst Oldenburg etwa wieder abtreten müßten.

Wofern also die Cession des Großfürsten Paul wirklich dahin auszulegen ist, daß ihre Wirksamkeit nach Abgang des dänischen Mannsstammes erlöschen soll, dann giebt es nur zwei Fälle: das gottorfsche Holstein fällt an den augustenburgschen Agnaten, weil er sich mit diesem Aequivalente für Oldenburg begnügt, oder es fällt an den Großherzog von Oldenburg, wenn man diesen nöthigt, Oldenburg herauszugeben, da sich, hiervon abgesehen, ein Recht Rußlands nur deduciren läßt, indem man den Sinn des augustenburgschen Verzichtes auf die plönsche Erbschaft in der gewaltsamsten Weise verdreht und die Urkunden, welche die wahre Bedeutung des Verzichts klar machen, verheimlicht.

VII.

Es giebt keinen Zoll breit Landes in Schleswig und Holstein, auf welchen das Recht des augustenburgschen Hauses mit Grund bestritten werden könnte. Das ist das Resultat der bisherigen Untersuchung. Insoweit aber andere Gründe nicht zureichen, um jenes Recht zu beseitigen, stützen sich die Gegner auf die angebliche persönliche Unfähigkeit der Augustenburger zur Thronfolge. Alle jetzt lebenden Fürsten der augustenburgschen wie glücksburgschen Linie stammen unmittelbar oder mittelbar aus Ehen ab, welche mit Frauen des niedern Adels geschlossen wurden, aus Ehen, welche in den meisten deutschen Fürstenhäusern als unebenbürtig erscheinen würden. Dergleichen Ehen sind aber in allen Linien des oldenburgschen Hauses vorgekommen, und selbst König Friedrich IV. von Dänemark vermählte sich mit einer als Königin von Dänemark gekrönten Gräfin Reventlow. Wären wir nicht längst daran gewöhnt, daß im Kampfe gegen das Recht des augustenburgschen Hauses den Kämpfenden auch das Unmögliche möglich erscheint, es würde wahrlich nicht zu begreifen sein, wie man es wagen mochte, den Einwand der Abstammung aus unebenbürtiger Ehe zu erheben, wie sich Pernice, eine Autorität auf dem Gebiete des Privatfürstenrechtes, dazu entschließen konnte. Es fehlt noch heut nicht an Staatsrechtslehrern, welche es als gemeinrechtliche Regel betrachten, daß die Ehe eines Mannes von hohem Adel mit einer Frau des niedern Adels ebenbürtig sei. Aber auch diejenigen, welche der strengeren Ansicht folgen, sind darüber einverstanden, daß über die Erfordernisse der Ebenbürtigkeit zuerst die Observanz und das Hausgesetz des betreffenden Fürstengeschlechtes entscheidet. Wäre dies nicht der Fall, wäre immer und überall nur die Ehe mit einer Frau des hohen Adels als ebenbürtig zu betrachten, dann freilich möchte es in allen regierenden deutschen Häusern kaum noch einen thronfolgefähigen Prinzen geben, und namentlich würde auch die Successionsfähigkeit zweier preußischer Prinzen, welche mütterlicherseits aus der Ehe eines Sonderburgers, des letzten Herzogs von Plön mit einer Gräfin Reventlow, abstammen, bestritten werden müssen. Die Observanz des gesammten oldenburgschen Hauses: die Ehe mit einer Frau des niedern Adels für ebenbürtig zu erachten, können die Gegner nicht bestreiten; ebenso wenig die Thatsache, daß andere deutsche Fürstenhäuser die Nachkommen aus solchen Ehen als sich ebenbürtig stets anerkannt haben; dazu kommt endlich, daß in dem einzigen Falle, in welchem die Ebenbürtigkeit einer solchen Ehe angezweifelt wurde, der Ehe des Herzogs Christian Karl zu Norburg mit Fräulein von Aichelberg, der aus dieser Ehe geborne Sohn sowohl vom Könige von Dänemark, wie vom

Reichshofrathe zu Wien und vom Kaiser als geborner Herzog, als wahrer fürstlicher Stammesagnat, als successionsfähig anerkannt wurde und als Herzog von Plön wirklich succedirte. Eine weitere Widerlegung der Gegner ist nur darum schwer, weil sie bis heut eine absolut grundlose Behauptung hartnäckig wiederholen, ohne irgend einen Grund anzugeben, auf dessen Widerlegung man eingehen könnte.

Endlich aber ist man in neuster Zeit mit noch einem wunderbaren Einwande hervorgetreten. Der erstgeborne sonderburgsche Agnat, welcher nach dem Tode König Friedrich's VII. zur Thronfolge in Schleswig und Holstein berufen ist, ist der Herzog Christian von Augustenburg. Da er zu Gunsten seines ältesten Sohnes auf die Thronfolge verzichtet hat, so ist dieser als Friedrich VIII. der legitime Herrscher der Herzogthümer. Man will jetzt behaupten, Herzog Friedrich dürfe sein Thronfolgerecht wenigstens so lange nicht geltend machen, als sein Vater lebt, weil dieser 1852 zu Gunsten des Prinzen Christian von Glücksburg, jetzt König Christian's IX., auf sein Recht verzichtet, es also diesem cedirt habe. Wäre also eine solche Cession wirklich erfolgt, dann freilich würde Herzog Friedrich sein Thronfolgerecht erst in dem Augenblicke geltend machen können, in welchem er in Folge des Todes seines Vaters zur Succession berufen wird. Daß es den Dänen, welche in Dänemark wie in den Herzogthümern eine neue Thronfolgeordnung begründen wollten, nicht darauf ankommen konnte, einen Prätendenten nur für einige Jahre zu beseitigen, und daß der Herzog Christian eben so wenig einen Verzicht ausstellen konnte, welcher über das eigne Recht hinaus, zugleich eine rechtliche Wirksamkeit für das Recht des großjährigen Prinzen seines Hauses ausgeübt hätte, liegt auf der Hand. Es ist Seitens des Herzogs eine Cession zu Gunsten Christian's IX. nie erfolgt und nie gefordert worden. Die Dänen wollten einen Verzicht nicht fordern, weil sie jedes Recht der Augustenburger bestritten. Der Versuch, einen Verzicht, ohne ihn zu fordern, auf einem Umwege zu erpressen, mißlang. Da endlich machte man dem Herzoge unter der deutlichen Androhung einer vollständigen Confiscation seines Vermögens den Vorschlag: ihm für seine Güter einen den Werth derselben weitaus nicht erreichenden Kaufpreis zu zahlen, falls er für sich und seine Familie verspreche, den Entschließungen des Königs hinsichtlich der Erbfolge für alle unter dem Scepter des Königs vereinigten Lande nicht entgegenzutreten. Dies Versprechen hat der Herzog gegeben und gehalten, obwohl die Dänen ihren Verpflichtungen auch ihm gegenüber bis heut nicht vollständig nachgekommen sind. Was die Dänen mit solchem Versprechen zu erreichen meinten, wissen wir nicht. Es kam ihnen, von Rußland und England gedrängt, dem Herzoge sein Vermögen zurückzugeben, vielleicht nur darauf an, ihr Unrecht nicht einfach einzugestehen und das Vermögen bedingungslos zu restituiren. Jedenfalls hat keine Cession stattgefunden, nicht einmal ein Verzicht ist geleistet worden, und der dänische Minister Oersted selbst hat im dänischen Reichsrathe erklärt: der Herzog habe nicht verzichtet, da ihm kein Verzicht abgefordert wäre, indem die Regierung sein Erbrecht nicht anerkenne. Will man von dem Sohne vielleicht fordern, daß er in Rücksicht auf das für ihn völlig unverbindliche Versprechen seines Vaters, jetzt sein Recht nicht geltend mache? Er darf es nicht, weil er damit die heiligsten Pflichten gegen sein Land und Volk verletzen würde.

VIII.

Von einem bestreitbaren Rechte des augustenburgschen Hauses kann ernstlich nur die Rede sein in Betreff des Herzogthums Lauenburg.

Im Kieler Frieden von 1814 hatte der König von Dänemark an Schweden Norwegen abgetreten, dagegen schwedisch Pommern und Rügen nebst dem Versprechen erhalten, daß man sich für eine angemessene Entschädigung wegen Norwegens verwenden wolle. Am Wiener Congresse forderte Dänemark eine solche Entschädigung, ohne sie zu erlangen. Durch den Vertrag vom 4. Juni 1815 tauschte Dänemark von Preußen Lauenburg ein gegen schwedisch Pommern, aber unter der Bedingung: die Verfassung und Rechte Lauenburgs in allen Punkten aufrecht zu erhalten. Es ist hiernach schon zweifelhaft, ob Lauenburg als Aequivalent für Norwegen betrachtet werden kann. Die Dänen aber, abweichend von ihren Aeußerungen am Wiener Congresse, haben Lauenburg später als eine Entschädigung für Norwegen betrachtet. Wenn nun im Kieler Frieden wie im Vertrage mit Preußen die Cession en faveur de S. M. le Roi de Danemarc et ses successeurs erfolgte, so fragt es sich, wer diese Nachfolger sind, ob nur die Nachfolger auf dem dänischen Throne oder auch die in den Herzogthümern Schleswig-Holstein. Entscheidet man sich für Ersteres, so behauptet man also, daß in Lauenburg seit 1815 die dänische lex regia zum Thronfolgegesetz geworden sei, und dann würde jetzt in Lauenburg der dänische Weiberstamm zur Nachfolge berufen sein, jedenfalls nicht König Christian IX., denn das Gesetz, kraft dessen er dänischer König ist, hat bis heut in Lauenburg keine verfassungsmäßige Geltung erlangt, und wenn die Erbberechtigten des Weiberstammes zu Gunsten Christian's IX. verzichtet haben, so hat nach Art. 6 der Wiener Schlußacte dieser Verzicht so lange keine Wirksamkeit, bis alle deutsche Bundesstaaten ihre Zustimmung ertheilt haben.

Worauf stützt sich aber die Annahme, daß das dänische Königsgesetz auf Lauenburg übergegangen sei? Sie kann nicht darauf gestützt werden, daß Lauenburg das Aequivalent für Norwegen war, denn Norwegen war nicht dänische Provinz, war ein selbständiger Staat, der mit Dänemark nur durch die Person des Königs unirt war, und ebenso ist auch Lauenburg nicht dänische Provinz geworden, sondern wurde, wie der König erklärte: als ein eigenes deutsches Herzogthum übernommen. Nicht Dänemark, sondern der König nebst den „Erben zu Norwegen" war zu entschädigen. Sollte Lauenburg ein eigenes deutsches Herzogthum sein und bleiben, dann kann man nur folgern, daß auch hier nur die in Deutschland, also in Holstein, succedirenden Nachfolger des Königs thronberechtigt sein sollen, wie man in ganz gleicher Weise nicht gezweifelt hat, daß die „successeurs" des Königs von Großbritannien, dem 1815 Hildesheim vertragsmäßig übertragen wurde, nicht die Nachfolger auf dem englischen, sondern auf dem hannöverschen Throne seien. Dazu kommt, daß die lauenburgsche Landesverfassung, welche nur eine Erbberechtigung des Mannsstammes kannte, in allen Punkten ausdrücklich bestätigt worden ist; daß die dänische lex regia nicht ein Familienstatut des dänischen Königshauses, sondern ein dänisches Staatsgesetz ist, und daß darum doch irgend ein haltbarer Grund dafür angegeben werden müßte, daß und in welcher Weise jenes dänische Landesgesetz das in Lauenburg bestehende verdrängt habe. Ist dies nicht möglich, so kann auch in Lauenburg nur der Erstgeborne des augustenburgschen Hauses thronfolgeberechtigt sein.

Dagegen aber wird Widerspruch erhoben von Sachsen, Mecklenburg und Anhalt, freilich nicht darum, weil sie meinen, es sei ihnen durch den Tod König Friedrich's VII. von Dänemark ein Recht auf Lauenburg erwachsen, sondern weil sie Alles, was seit dem Tode des letzten askanischen Herzogs von Lauenburg 1687 geschehen ist, als rechtswidrig anfechten; Sachsen und Mecklenburg auf Erbverbrüderungen, Anhalt auf agnatische Rechte sich stützend. Wir verzichten auf eine Prüfung dieser Ansprüche, für welche ein ausreichendes urkundliches Material mangelt, umsomehr als es für den Augenblick nur darauf ankommt, den unbestreitbaren Satz festzuhalten, daß Christian IX. nicht Herzog von Lauenburg ist.

IX.

Ist die zu Recht bestehende Thronfolge der Herzogthümer, an welcher auch noch in diesem Jahrhunderte die Dänen und die dänischen Könige selbst keinen Zweifel gehabt haben, durch neuere Ereignisse irgend wie alterirt worden? An Versuchen, sie umzustürzen, hat es freilich nicht gefehlt, aber sie sind rechtlich durchaus wirkungslos geblieben. Als man in Dänemark zu der Ueberzeugung kam, daß der Zeitpunkt unaufhaltsam sich nahe, in welchem das dänische Königsgeschlecht aussterben und damit die bisherige Verbindung Dänemarks und der Herzogthümer sich lösen werde, begann zunächst im Volke selbst die Bewegung, welche darauf zielte, die Regierung zu bestimmen, die Fortdauer dieser Verbindung auch für den Fall des Aussterbens des dänischen Mannsstammes um jeden Preis, auch den einer Gewaltthat, sicher zu stellen. Die Folge war der offene Brief Christian's VIII. von 1846, in welchem der König es nicht unternahm, ein neues Recht zu begründen, sondern, zur Beseitigung von Irrthümern, seine Auffassung des Rechtes auszusprechen, eine Auffassung, welche natürlich, falls sie wider das Recht war, dieses in keiner Weise beeinträchtigen konnte. Sie geht dahin, daß die dänische lex regia, welche nach dem Aussterben des Mannsstammes den Weiberstamm zur Thronfolge beruft, nicht nur in Dänemark, sondern ebenso in Schleswig und Lauenburg Geltung habe, wogegen sich, mit Rücksicht auf einzelne Theile Holsteins, das Gleiche nicht mit Bestimmtheit in Betreff dieses Herzogthums aussprechen lasse. Dem wird die Verheißung beigefügt, daß der König bemüht sein werde, die Hindernisse, welche der Bewahrung der Integrität des dänischen Gesammtstaates entgegenständen, zu beseitigen, daß aber dadurch die Selbständigkeit Schleswigs und seine Zusammengehörigkeit mit Holstein nicht beeinträchtigt werden solle.

Die Folge war der Beschluß des deutschen Bundestages vom 17. September 1846, welcher den Bestrebungen des Königs gegenüber „die Rechte Aller und Jeder, insbesondere die des deutschen Bundes, erbberechtigter Agnaten und der gesetzmäßigen Landesvertretung Holsteins wahrte.“ Die Kriegsereignisse von 1848 bis 1850 kommen gegenwärtig insoweit nicht in Betracht, als sie nach Inhalt des Friedens von 1850 in den Rechten Dänemarks einerseits, Deutschlands und der Herzogthümer andrerseits gar keine Veränderung bewirkt haben.

Um so mehr war aber Dänemark nach dem Friedensschlusse bemüht, die seinen Bestrebungen äußerst günstige politische Lage, in welcher sich damals Deutschland und Europa befand, zu benutzen, um die sogenannte „Integrität Dänemarks“ sicher zu stellen. Der erste Schritt hierzu geschah durch das Warschauer Protokoll vom 5. Juni 1851. König Friedrich von Dänemark und Kaiser Nicolaus von Rußland, als Haupt des gottorfschen Hauses, knüpfen ihre Uebereinkunft an die Verträge an, durch welche 1767 und 1773 die Rechte der gottorfschen Linie an den Herzogthümern auf die königliche Linie übergegangen waren. Im Widerspruche zum klaren Wortlaute des Vertrages wird angenommen, daß damals alle Rechte des gottorfschen Hauses auf Schleswig dem Könige Christian VII.

und allen Erben seiner Königskrone, also auch den Erben aus dem Weiberstamme cedirt worden seien. Der Vertrag über Holstein aber wird von den Contrahenten dahin ausgelegt, daß er die gottorfschen Rechte an Holstein nur zu Gunsten Christian's VII., seines Bruders und ihrer männlichen Nachkommen aufgegeben habe, und daß demnach diese Rechte wieder wirksam werden müßten, falls der dänische Mannsstamm aussterben sollte. Im Interesse der Integrität Dänemarks erklärt sich aber der Kaiser Nicolaus bereit, auf seine eventuellen Rechte, d. h. auf das Recht, den gottorfschen Antheil an Holstein nach dem Aussterben des dänischen Mannsstammes zurückzufordern, zu Gunsten des Prinzen Christian von Glücksburg, seiner Gemahlin und deren männlichen Nachkommen zu verzichten, unter der Voraussetzung, daß ein „Arrangement" getroffen werde, durch welches dem Prinzen Christian und seinen Nachkommen die Thronfolge in allen unter dem Scepter des Königs vereinigten Ländern gesichert wird. Weitere in London zu führende Verhandlungen, welche dem „Arrangement" den „Charakter einer europäischen Transaction" geben sollten, blieben vorbehalten.

Diese europäische Transaction kam zu Stande im Londoner Vertrage vom 8. Mai 1852. Er ist geschlossen zwischen Dänemark einerseits und England, Frankreich, Rußland, Oesterreich, Preußen und Schweden andererseits, so daß er für die letzteren Mächte nur Dänemark gegenüber, nicht aber im Verhältnisse derselben zu einander Verbindlichkeiten erzeugt. Die Verbindlichkeit aber, welche diese Mächte übernehmen, besteht darin, daß sie versprechen, für den Fall des Aussterbens des dänischen Mannsstammes den Prinzen Christian von Glücksburg und seine männlichen Nachkommen aus der Ehe mit der Prinzessin Louise von Hessen als berechtigt anerkennen zu wollen zur Nachfolge in der Gesammtheit der unter dem Scepter Friedrich's VII. vereinigten Länder. Der Vertrag selbst läßt darüber keinen Zweifel, daß es nicht darauf ankam, einem bereits bestehenden Thronfolgerechte die Anerkennung zu sichern, sondern darauf, ein nicht bestehendes Recht für den Prinzen Christian von Glücksburg zu schaffen. Aber auch im europäischen Völkerrechte steht der Grundsatz fest, daß durch den Vertrag nur über die Rechte der Contrahenten selbst, nicht über die unbetheiligter Dritter verfügt werden kann, und welches auch immer die Absicht der Contrahenten gewesen sein möge, der Vertrag selbst spricht nur von der künftigen Anerkennung eines bis dahin unzweifelhaft nicht bestehenden Thronfolgerechtes, nicht entfernt davon, daß man durch Abschluß des Vertrages selbst dieses Recht als ein bereits begründetes betrachtete. Im Gegentheil, indem der Vertrag ausdrücklich die auf der Bundesacte von 1815 und dem gegenwärtigen Bundesrechte beruhenden wechselseitigen Rechte und Verbindlichkeiten des Königs von Dänemark und des deutsches Bundes vorbehielt, so war damit ausdrücklich ausgesprochen, daß der Vertrag selbst für die Herzogthümer Holstein und Lauenburg eine neue Thronfolge noch nicht begründet habe. Zum Bundesrecht gehört der Grundsatz, daß es Zweck und Aufgabe des Bundes sei, die Unabhängigkeit der deutschen Staaten zu schützen, und wie könnte diese Unabhängigkeit stärker verletzt werden als dadurch, daß man einen deutschen Staat, der das wohl begründete Recht hat, fortan von einer nicht deutschen Macht unabhängig unter eigenem Herrscher zu stehen, durch einen Vertrag, an welchem er nicht Theil nahm, zwingen will, sich einem fremden Herrscher zu unterwerfen und zu einem auswärtigen Staate in ein Unionsverhältniß zu treten, das nach mehrhundertjähriger Erfahrung eine permanente Gefährdung und Beschädigung der Unabhängigkeit nothwendig mit sich bringt. Zum Bundesrecht gehört der Bundesbeschluß von 1846, welcher, den Versuchen einer Aenderung der Thronfolge gegenüber, die Rechte der erbberechtigten Agnaten und der Landesvertretung gewahrt hat. Der Vertrag selbst kann also nur dahin ausgelegt werden, daß er die Verbindlichkeit begründete, künftig ein Thronfolgerecht des Prinzen Christian von Glücksburg unter der Voraussetzung anzuerkennen, daß es im Augenblicke, in welchem es wirksam werden soll, als ein in aller Form Rechtens begründetes erscheine.

Alle Welt wird aber freilich darüber einverstanden sein, daß Dänemark so wenig wie die anderen Contrahenten an die Möglichkeit glaubten, die Thronfolge nicht blos in Dänemark selbst, sondern auch in den Herzogthümern in der beabsichtigten Weise verfassungsmäßig umzugestalten, und wirklich ist zwar in Dänemark die Thronfolge der dänischen lex regia mit Zustimmung der dort erbberechtigten Cognaten und des Reichsrathes verfassungsmäßig geordnet, in den Herzogthümern aber nicht einmal der Versuch gemacht worden, dem dänischen Thronfolge-Gesetze von 1853, das den Prinzen Christian von Glücksburg zur Nachfolge beruft, in rechtsbeständiger Weise Geltung zu verschaffen.

Will also jetzt König Christian IX. auf Grund des Londoner Vertrages fordern, von den Contrahenten als Herzog von Schleswig-Holstein und Lauenburg anerkannt zu werden, so kann diese Anerkennung ihm nur ertheilt werden, indem man offen bekennt, von der Absicht ausgegangen zu sein, durch den Vertrag selbst die dänische Regierung jeder Berücksichtigung des Rechtes der Herzogthümer und der erbberechtigten Agnaten überheben zu wollen; und die Worte, welche Graf Münster am Wiener Congresse sprach: „Kein Fürst wird wünschen in dem Licht zu erscheinen, als hätte er mit fremden Fürsten einen Vertrag gegen seine Unterthanen eingehen wollen, die Rechte derselben dürfen kein Gegenstand der Transactionen sein," scheinen damit heut keine Geltung mehr zu haben. Unter solcher Voraussetzung enthält der Londoner Vertrag den, dem Könige von Dänemark ertheilten Auftrag eines offenen Rechtsbruches, und der Vertrag ist ein von Anfang null und nichtiger, weil er dem allseitig anerkannten Grundsatze des Völkerrechtes widerspricht, daß der Staatsvertrag nur das rechtlich und sittlich Mögliche zum Inhalt haben dürfe.

Bedarf es noch eines Beweises, daß der Londoner Vertrag für den deutschen Bund völlig bedeutungslos ist? Der Bund hat den Vertrag nicht unterzeichnet, und es ist für ihn eine rechtliche Unmöglichkeit, ihn nachträglich zu unterzeichnen. Er selbst hat pflichtmäßig die Rechte der Agnaten und der gesetzlichen Landesvertretung gewahrt, wie könnte er sie jetzt mißachten? Er hat die Pflicht, die Unabhängigkeit der Bundesstaaten zu schützen, wie könnte er sie einem fremden Herrscher preisgeben, einem Herrscher, der selbst nicht im Stande ist, für seine Herrschaft in den Herzogthümern einen anderen Rechtstitel nachzuweisen, als den für den Bund nicht existirenden Londoner Vertrag? Wer auch immer der legitime Herrscher der Herzogthümer sein mag — und der Bundestag wird darüber jedenfalls insofern ein Urtheil fällen müssen, als er berechtigt wie verpflichtet ist, darüber zu entscheiden: ob einem Fürsten die Berechtigung zur Theilnahme an allen bundesmäßigen Rechten und Pflichten zuzuerkennen sei, — jedenfalls ist es Christian IX. nach Beseitigung aller übrigen rechtlichen Hindernisse erst dann, wenn die Gesammtheit der Bundesstaaten einstimmig sich dafür ausgesprochen hat; denn mag ein Augustenburger, der dänische Weiberstamm, oder auch der Kaiser von Rußland zur Thronfolge in den Herzogthümern berufen sein, so würde selbst eine freiwillige Abtretung der Staatsgewalt an Christian IX. als eine Veräußerung von Souveränetätsrechten an einen fremden Herrscher erscheinen, die nach Artikel 6 der Wiener Schlußacte nur mit Zustimmung aller Bundesregierungen erfolgen kann.

Ist aber nicht der Bund dem Londoner Vertrage beigetreten, so allerdings Oesterreich und Preußen. Man hätte vermuthen sollen, daß, wenn nicht die übrigen, so doch gerade die deutschen Großmächte sich auf den Vorbehalt der Rechte des deutschen Bundes berufen und den Vertrag für hinfällig erklären würden, weil die dänische Regierung es unterlassen habe, diesem Vorbehalte entsprechend dem Prinzen Christian von Glücksburg die Thronfolge auch in den Herzogthümern in verfassungsmäßiger Weise zu sichern. Beide Staaten haben gleichwohl erklärt, sich auch noch jetzt durch den Vertrag für gebunden anzusehen; sie haben es gethan, obwohl er ein von Anfang nichtiger war, wenn er Dänemark von der Pflicht einer verfassungsmäßigen Ordnung der Thronfolge entbinden wollte; sie haben es gethan, obwohl, wenn der Vertrag je zu Recht bestand, Dänemark ihn längst zerrissen, und damit nach anerkannten Grundsätzen des Völkerrechts auch Oesterreich und Preußen ihrer Pflicht entbunden hat; obwohl ein dänischer Minister es anerkannte, daß für Oesterreich und Preußen die von Dänemark 1851 und 1852 Deutschland gegenüber übernommenen Verpflichtungen die Voraussetzung zum Beitritte zu dem Vertrage waren, und daß Dänemark diesen Verpflichtungen nicht genügt habe; sie haben es gethan, obwohl sie in Protesten und in Vollstreckung der Bundesexecution die Vertragsbrüchigkeit Dänemarks selbst anerkannt haben. Wir verzichten darauf hier, die politischen Consequenzen dieses Schrittes zu betrachten, nur die rechtlichen fassen wir in's Auge.

So gewiß Oesterreich und Preußen von jeder aus dem Vertrage von London etwa entspringenden Verbindlichkeit frei sind, so gewiß steht der Grundsatz des Völkerrechtes fest, daß der Staatsvertrag niemals einseitig durch Nichterfüllung gelöst werden kann, und daß es deshalb dem in seinem Rechte gekränkten Contrahenten freisteht, je nachdem das Eine oder Andere seinen Interessen entspricht, sich auch seinerseits vom Vertrage loszusagen oder die Erfüllung desselben zu erzwingen. An sich sind also Oesterreich und Preußen unzweifelhaft zwar nicht verpflichtet aber berechtigt, von Dänemark die Erfüllung des Vertrages zu erzwingen, und sie haben sich bereits dafür entschieden. Was soll erzwungen werden? — Verbindlichkeiten, deren Erfüllung für Oesterreich und Preußen die Voraussetzung ihres Beitritts zum Londoner Vertrage waren, Verbindlichkeiten, welche aber Dänemark, vom Londoner Vertrage ganz unabhängig, auch dem deutschen Bunde gegenüber übernommen hatte. Dies ist der Grund, weshalb Oesterreich und Preußen nicht als europäische Großmächte und Betheiligte des Londoner Vertrages ein Zwangsverfahren gegen Dänemark unternommen, sondern den deutschen Bund zu einem solchen veranlaßt haben. Ihm gegenüber hatte sich Dänemark verpflichtet, den Herzogthümern Holstein und Lauenburg eine staatsrechtliche Stellung im Verhältnisse zu Dänemark zu geben, durch welche ihr Recht als selbständige, unabhängige Staaten und die staatsrechtliche Zusammengehörigkeit Holsteins mit Schleswig gesichert würde. Aber es ist für Dänemark jetzt rechtlich unmöglich geworden, diese Verbindlichkeit zu erfüllen, falls Christian IX. nicht Herzog von Schleswig-Holstein und Lauenburg ist, falls also zwischen den Herzogthümern und Dänemark ein staatsrechtlich zu ordnendes Unionsverhältniß überhaupt nicht mehr besteht. Entweder also setzt die Bundesexecution voraus, daß Christian IX. als Herrscher der Herzogthümer anzuerkennen ist, oder sie ist im anderen Falle ein Verfahren, das der bona fides widerspricht, indem man Dänemark zu einer Leistung unter dem Vorbehalte zwingt, die Leistung selbst späterhin als eine rechtlich unmögliche darum zurückzuweisen, weil Christian IX. kein Recht auf die Herzogthümer habe. Oder sollten die deutschen Großmächte daran denken, noch jetzt die Nichtigkeit des Londoner Vertrages dadurch zu heilen, daß sie dafür sorgen, Christian IX. in aller Form Rechtens zu dem zu machen, was er nicht ist, zum rechtmäßigen Herrscher der Herzogthümer? Die Möglichkeit, daß dem Rechte der Herzogthümer und ihres Herzogs Gewalt geschieht, liegt nahe genug; die Möglichkeit, daß dieses Recht in rechtlicher Weise aufgehoben werden könnte, so unendlich fern, daß sie als Unmöglichkeit bezeichnet werden darf. Traut man sich die Macht zu, den etwaigen Widerstand der Herzogthümer und ihres Herzogs zu brechen, so handelt es sich weiter darum, in welche Stellung Oesterreich und Preußen durch die Ausführung des Londoner Vertrages zum deutschen Bunde gerathen würden.

Für's Erste muß daran erinnert werden, daß der Londoner Vertrag keinem der Contrahenten die Pflicht auferlegt, die Hindernisse zu beseitigen, welche der Herrschaft Christian's IX. in den Herzogthümern entgegentreten könnten. England hat es absichtlich verhindert, daß der Londoner Vertrag zu einem Garantievertrage werde. Die deutschen Großmächte würden also über ihre angebliche Vertragsverbindlichkeit weit hinausgehen, wenn sie ihre Bemühungen aufwendeten, um diese Hindernisse wegzuräumen. Und doch wird sie, welches auch ihre Absicht sein möge, der beschrittene Weg von selbst dahin führen, dies thun zu müssen. Sie werden nicht umhin können, namentlich den deutschen Bund zu bestimmen, dem rechtswidrigen Acte des Londoner Vertrages sich anzuschließen und das zurückzunehmen, was er bisher zur Wahrung des Rechtes der erbberechtigten Agnaten und der gesetzlichen Landesvertretung der Herzogthümer gethan hat. Die Erfahrung lehrt nun allerdings, und hat es erst in diesen Tagen wieder bestätigt, daß der vereinigten Macht Oesterreichs und Preußens der Bundestag in der Regel keinen Widerstand leistet, daß vor dieser Macht das, die kleineren Staaten begünstigende Stimmverhältniß am Bundestage als bedeutungslos zurücktritt. Aber wenn jemals, so liegt grade jetzt bei der Abstimmung über die Erbfolgefrage die Aussicht nahe, daß die übrigen deutschen Staaten von ihrem formellen Rechte Gebrauch machen und die Großmächte überstimmen. Denn nicht um eine Frage der reinen Politik, wo naturgemäß die kleinen dem Drucke der Großstaaten weichen, handelt es sich hier, sondern um etwas anderes. Muß ein Herzog von Holstein sich seines Landes berauben lassen, weil die Großmächte in London ohne Deutschland zu fragen so verfügten, warum soll nicht morgen in gleicher Weise über jeden andern deutschen Staat verfügt werden? Es handelt sich für die deutschen Mittel- und Kleinstaaten um eine Existenzfrage. Ihr Muth, sie rücksichtslos als solche zu behandeln, wird gehoben durch die Einmüthigkeit, mit welcher das deutsche Volk für das Recht der Herzogthümer eintritt. Denen aber, welche auf die wechselnde Strömung der öffentlichen Meinung kein Gewicht legen, geben wir zu bedenken, daß es gerade in diesem Falle nicht wechselnde Ansichten und Meinungen, sondern die unwandelbare und nicht zu tilgende Stimme des Gewissens ist, welche sich im Volke kund giebt, und welche, trotz alles Spottes, der bereits über diese Bewegung im Volke ausgegossen worden ist, sich mächtiger erweisen könnte, als man glauben will. Und wenn dann die Majorität des Bundestages sich vom Wege des Rechtes nicht abdrängen läßt? — nun freilich, Oesterreich und Preußen werden nicht besorgen, daß man von Frankfurt aus gegen sie Execution vollstrecken werde, um sie zu ihrer Bundespflicht zurück zu führen. Wenn sie aber dem formell verfassungsmäßigen Beschlusse des Bundestages sich nicht fügen, so stehen sie vor Deutschland unter der Anklage, ihre heiligsten Verpflichtungen gegen den Bund verletzt zu haben, indem sie im Widerspruche zur Bundesacte mit fremden Mächten zu London einen Vertrag schlossen, welcher gegen die Sicherheit eines Bundesstaates gerichtet ist; unter der Anklage, der Bundesgewalt die Erfüllung bundesmäßiger Verpflichtung offen verweigert zu haben. Und gerade darum, weil den übrigen deutschen Staaten die Macht fehlen würde, die Großmächte zu ihrer Pflicht zurück zu führen, ist damit ohne Weiteres der deutsche Bund aufgelöst. Ist der Bundesvertrag von 1815 weniger heilig, als der von Anfang an nichtige Londoner Vertrag, oder wie kann der Londoner Vertrag ausgeführt werden ohne Verletzung des Bundesrechtes und bundesrechtlicher Verpflichtungen? Und wenn es gelänge, das Recht zu brechen, aber die Form insoweit zu wahren, daß die Majorität des Bundestages sich dazu hergäbe, mit eigener Hand das Recht zu vernichten, das sie bisher gewahrt hat und ferner zu schützen verpflichtet ist, wird dadurch die Sachlage eine andere? Das deutsche Volk, die deutschen Fürsten und Regierungen, die mit widerstrebendem Gewissen der höheren Macht sich fügen mußten, sie würden auch in diesem Falle das Band des Bundes als gelöst betrachten. Und das Alles um des Londoner Vertrages, um der Integrität der dänischen Monarchie willen? Das zu einer Zeit, wo der nächste Augenblick uns in die Lage bringen kann, daß das Vaterland der vereinten Kräfte Deutschlands zu seinem Schutze bedarf? Ist es rathsam, in solcher Zeit einen Weg zu betreten, der unvermeidlich uns zum Bruche des Rechtes führt, eines Rechtes, an dessen Bewahrung die wichtigsten politischen Interessen Deutschlands und insbesondere Preußens haften, eines Rechtes, das unauslöschlich in das Gewissen des deutschen Volkes eingeschrieben ist, — einen Weg zu betreten, auf welchem wir, gleichviel ob man die Formen des Bundesrechtes wahrt oder bricht, dahin gelangen, in Deutschland den Boden zu bereiten, aus welchem unter der Pflege einer geschickten Hand, an welcher es nicht mangeln würde, ein neuer Rheinbund erwächst? Ob in der Form des Vertrages geschlossen oder nicht, ob den Neigungen und Wünschen der deutschen Staaten entsprechend oder widersprechend, der Rheinbund ist in dem Augenblicke gegeben, in welchem die deutschen Staaten an dem Willen Oesterreichs und Preußens sie in ihrem Rechte, in ihrer Existenz zu schützen zu verzweifeln beginnen. Sind die Gefahren einer innern Zerrüttung und Auflösung Deutschlands, mit denen sich äußere Gefahren nothwendig sofort verbinden, geringer, als die Gefahren, welche uns drohen, wenn wir entschlossen für das unverkürzte Recht der Herzogthümer und ihres Herzogs eintreten?

Die Einwände, welche gegen jenes Recht erhoben wurden, haben einst das Gewissen eines Fürsten von strengster Gewissenhaftigkeit irre geführt. Der König, welcher in dem Briefe vom 24. März 1848 seine Ueberzeugung von dem Rechte der Herzogthümer aussprach, er hätte das Londoner Protokoll nicht unterzeichnet, wenn es nicht gelungen wäre, die Bedenken seines rechtlichen Gewissens zu beschwichtigen. Jetzt, wo jene Einwände an das Licht gezogen sind, erweisen sie sich als ein Truggebilde, das vor der wissenschaftlichen Prüfung haltlos zerfließt. Ja, zweifellos steht es fest, einem legitimen, einem vollberechtigten deutschen Fürstenhaus soll durch den Londoner Vertrag das Erbe entrissen werden. So gebe Gott, daß Preußen noch zur rechten Zeit von der Gemeinschaft an der Gewaltthat sich lossage und auf den Weg des Rechtes wieder einlenke!

Beilage.

Eine Urkunde aus dem Oldenburgschen Staatsarchiv.

Die nachstehende bisher nicht gedruckte Urkunde befindet sich im Reichshofraths-Archive zu Wien, und in beglaubigter Abschrift im großherzoglichen Archive zu Oldenburg. Kaiser Franz I. bestätigt auf Bitten des Herzogs Friedrich Karl von Holstein-Plön so wie auch auf Ansuchen des Königs Friedrich V. von Dänemark „als Herzogen zu Holstein Liebden" das zwischen diesen beiden Theilen abgeschlossene Pactum successorium (vom 29. November 1756) über die Plönschen Lehenstücke und Allodialgüter.

Wir Franz ꝛc. (tot. tit.)

Bekennen öffentlich mit diesem Brief, und thun kund allermänniglich:

Es habe bei Uns (tit.) Herzog Friederich Karl zu Holstein-Ploen in Unterthänigkeit vorgebracht, daß nachdem Sr. Liebden sich eine geraume Zeit her mit einem männlichen Descendenten nicht gesegnet befinde, und dahero wohl gegründet besorgen müßten, daß, im Fall Sie ohne Hinterlassung eines Prinzen aus dieser Zeitlichkeit abgefordert werden sollten, große Differenzien und schwere Processe sowohl der Lehens-Nachfolge halber, unter denen Fürstlichen Stamms-Agnaten selbsten, als auch zwischen diesen und denen vorhandenen Herzoglich Holstein-Plönischen Prinzessinnen wegen Absonderung des Allodii von dem feudo entstehen würden, wenn nicht in Zeiten vor deren Abwendung gesorget würde; als hätten dieselben sowohl in Beherzigung dieser wichtigen Umständen, als auch aus verschiedenen anderen nicht minder trifftigen Bewegursachen beides zu des gesammten fürstlichen Hauses Beruhigung und fürwährenden guten Einverständniß, und dann insonderheit zu derer fürstlichen Unterthanen eigenem Besten mit Seiner Majestät dem König zu Dännemark und Norwegen, als Herzogen zu Holstein, nach vorgängiger mit sämmtlichen fürstlichen Agnaten darüber gepflogenen Correspondenz, nicht allein über die von Seiner des Herzogs Friederich Karl zu Holstein-Ploen Liebden Voreltern aus eigenen Mitteln erkaufte Allodial-Güter, sondern auch über die der Holstein-Ploenschen Linie, von welcher implorantischer Herzog gegenwärtig nur allein noch am Leben, von dem Königlich-Dänischen Hause durch die ehemalige Erbtheilungen zugekommene Lehenstücke auf obgedachten Fall der Ihro abgehenden männlichen posteritaet, mit Vorbehalt Unser Kaiserlichen Confirmation und Beitrettung der fürstlichen Stamms-Agnaten einen Successions-Tractat errichtet, welcher nebst dessen Ratificationen und denen dabei erlangten agnatischen Consens-Urkunden, Uns allergehorsamst vorgelegt worden, und von Wort zu Wort hiernach geschrieben, also lautend:

(Hier folgen die nachstehend bezeichneten Urkunden:)

No. 1

König Friedrich V. von Dänemark ratificirt am 7. Januar 1757 den zu Plön am 29. November 1756 zwischen ihm und dem Herzog Friedrich Karl von Holstein-Plön abgeschlossenen Vertrag über seine eventuelle Erbfolge in die Plönschen Lande und Güter.

No. 2.

Herzog Friedrich Karl von Holstein-Plön ratificirt am 11. Januar 1757 den am 29. November 1756 zwischen ihm und dem Könige Friedrich V. von

Dänemark abgeschlossenen Vertrag über dessen eventuelle Erbfolge in die Plönschen Lande und Güter.

No. 3.

König Friedrich V. von Dänemark garantirt am 7. Januar 1757 in Gemäßheit des am 29. November 1756 zwischen ihm und dem Herzog Friedrich Karl von Holstein-Plön abgeschlossenen Erbfolgevertrags die gesammten Plönschen Schulden.

No. 4.

Wir Friederich und Wir Karl Ernst, Gebrüder ꝛc.

(Siehe die Urkunde vom 30. August 1754 in Ostwald's Urkunden-Sammlung Nr. XXX.)

No. 5.

Wir Friederich Cristian ꝛc.

(Siehe die Urkunde vom 13. Febr. 1756 bei Ostwald Nr. XXXIV.)

No. 6.

Aemil August von Holstein-Augustenburg genehmigt am 13. Februar 1756 die von seinem Bruder Friedrich Christian geschehene Uebertragung ihrer eventuellen Erbfolgerechte in den Plönschen so wie auch in den Glücksburgischen Landesantheilen und lehnbaren Besitzungen an den König Friedrich V. von Dänemark und dessen Successoren.

No. 7.

Wir Karl Ludwig ꝛc.

(Siehe die Urkunde vom 12. Febr. 1756 bei Ostwald Nr. XXXII)

No. 8.

Wir Peter August Friederich ꝛc.

(Siehe die Urkunde vom 10. Febr. 1756 bei Ostwald Nr. XXXI.)

No. 9.

Wir Karl August Anton ꝛc.

(Siehe die Urkunde vom 25. Mai 1756 bei Ostwald Nr. XXXV.)

Gleichwie aber durch vorstehenden Erbfolgs-Vertrag nach dem hierunter intendirten heilsamen Zweck, soviele sonsten zu besorgen gewesene Unruhen und Irrungen in dem gesammten fürstlichen Haus vermieden, mithin in selbigem ein durchgängiges gutes Vernehmen gründlich befestiget, annebst die fürstlichen Stamms-Agnaten wegen ihrer Gerechtsame intuitu einer hinkünftigen Succession in diejenige fürstliche Feudal-Lande, welche für sie einmal auf den Abgang seiner des implorantischen Herzogs fürstlich-männlichen prosteritaet würden eröffnet worden seyn, vermittelst derer mit ihnen getroffenen Vereinbahrungen sattsame Vergnügung verschaffet, sodann die gewisse Versorgung derer Herzoglichen Prinzessinnen Töchter, der noch lebenden Gemahlin, und übriger aus dem fürstlichen Hause etwa nachbleibender Wittwen und Prinzessinnen erhalten, auch noch insbesondere, die ungezweifelte Sicherheit deren Herzoglichen Creditorum und die Wohlfahrt der Landen und Unterthanen befördert würde; also sey bei solchen dringenden Beweg-Ursachen sein, des mehrgedachten Herzogs Liebden allergehorsamstes Suchen und Bitten, Wir oberwähntes Pactum Successorium allergnädigst zu confirmiren geruhen möchten.

Da Wir nun hierauf denen ermessenen Umständen nach Uns zuvorderst bewogen gefunden, für die Beide Herzoglich-Holstein-Glücksburgische Minorennen Prinzen wegen Ihrer bei der Sach mit eintrettenden Gerechtsame, den Grafen Ludwig Heinrich Adolph zu Lippe-Detmold zum Curatore ad hunc actum zu benennen und zu bestellen, anbei ihme wegen dessen, wofür er eigends zu sorgen habe, den besonderen Auftrag zu thun, sofort auch an Uns von ihme Curatore hierüber seine allerunterthänigste Berichte erstattet, und die in so ein als anderem obwaltende Beschaffenheit Uns des weiteren vorgebracht worden.

So haben Wir angesehen solche des Herzogs zu Holstein = Ploen Liebden billigmäßige Bitte, auch das hiernebst von Seiten des compaciscirenden Königs von Dännemark und Norwegen Majestät als Herzogen zu Holstein Liebden geschehene geziemende Gesuch, und darum mit wohlbedachtem Muth, gutem Rath und rechtem Wissen zu dem vorgeschriebenen mittels Agnatischen Consens geschlossenen Successions = Tractat Unsere Kaiserliche Confirmation, jedoch Unsren und des heiligen Römischen Reichs, wie auch jedes dritten, insonderheit derer noch unmündigen Holstein = Glücksburgischen Prinzen Gerechtsame in alle Weis unschädlich, gnädigst ertheilet.

Thuen das, confirmiren und bestättigen denselben Successions=Tractat auch solchergestalten von Römisch = Kaiserlicher Machtvollkommenheit hiemit wissentlich in Kraft dieses Briefs, und meinen, setzen und wollen, daß mehrgedachter Successions=Tractat in allen seinen Worten, Puncten, Clausulen, Articulen, Inhalt, Mein= und Begreifungen, soweit derselbe einen jeden Theil bindet, kräftig und mächtig seyn, stett, fest und unverbrüchlich gehalten, und vollzogen, und obgemelten Herzogs zu Holstein = Ploen Liebden, dann Se. Majestät der König zu Dännemark und Norwegen, als Herzog zu Holstein, deren Erben und Nachkommen, sich desselben alles seines Inhalts, nichts davon ausgenommen, geruhiglich gebrauchen und genießen sollen und mögen, von allermänniglich unverhindert, doch schon obgedachtermaßen Uns und dem heiligen Reich, wie auch jedes dritten, insonderheit derer unmündigen Holstein = Glücksburgischen Prinzen Gerechtsamen in alle Weis an seinen Rechten und Gerechtigkeiten unvergriffen und unschädlich.

Und gebiethen darauf allen und jeden Kurfürsten (ad longum in's Reich) ernst= und festiglich mit diesem Brief, und wollen, daß Sie oftgedachten Herzogen zu Holstein = Ploen, dann Se. Majestät den König zu Dännemark und Norwegen als Herzogen zu Holstein deren Erben und Nachkommen an obinserirten Successions = Tractat und dieser Unserer darüber ertheilten Kaiserlichen Confirmation und Bestätigung nicht hindern noch irren, sondern Sie dessen geruhiglich erfreuen, gebrauchen, genießen und gänzlichen dabey bleiben lassen, darwider nichts thuen, handlen oder fürnehmen, noch das jemands anderen zu thun gestatten, in keine Weise noch Wege, als lieb einem jedem seye Unsere Kaiserliche Ungnade und Straf, und darzu eine Poen von 20 Mark löthigen Goldes zu vermeiden, die ein jeder so oft Er freventlich hierwider thäte, Uns halb in Unsere Kaisl. Cammer, und den anderen halben Theil demjenigen, so hierwider beleidiget würde, unnachläßlich zu bezahlen verfallen seyn solle. Mit Urkund 2c.

Wien den 5. Martii 1761.

FSC
www.fsc.org
MIX
Papier | Fördert
gute Waldnutzung
FSC® C083411

Kolibri 360 GmbH
Ferdinand-Jühlke-Straße 7
99095 Erfurt, Deutschland
produktsicherheit@kolibri360.de